孔孟之乡武术集萃

主　编　章国峰　王　惠
副主编　龚乃志　宗锡元　宗　婷
　　　　贾　蓓　金　聪
参　编　尤　振　宗　良

北京理工大学出版社
BEIJING INSTITUTE OF TECHNOLOGY PRESS

内容简介

本书以孔孟之乡济宁地域内优秀的传统非遗武术为内容，阐述了中华武术的起源与发展、儒家思想与武术发展的关系和孔孟之乡优秀的武术拳种，详细介绍了梁山武术、圣地查拳等传统武术的起源、发展和内容体系，重点对武术基本功法、圣地查拳技击风格与拳械套路、洪派太极拳基本功法与套路等进行了整理归纳，以期将孔孟之乡武术文化瑰宝呈现给读者，更好地推进传统武术的发展和传承。

本书以文化传承为目的，突出了文化性和专业性，详细收录了孔孟之乡地域内的优秀传统武术套路，图文并茂、讲解透彻、难易适中，不仅适合作为各级各类学校传统武术教育的教材，还适用于各类读者学习、研读传统文化经典和“武术进校园”活动的开展。

图书在版编目（CIP）数据

孔孟之乡武术集萃／章国峰，王惠主编.—北京：北京理工大学出版社，2018.8
ISBN 978-7-5682-6231-6

Ⅰ.①孔… Ⅱ.①章… ②王… Ⅲ.①武术–介绍–济宁 Ⅳ.①G852

中国版本图书馆CIP数据核字(2018)第198036号

出版发行／北京理工大学出版社有限责任公司
社　　址／北京市海淀区中关村大街5号
邮　　编／100081
电　　话／（010）68914775（总编室）
　　　　　（010）82562903（教材售后服务热线）
　　　　　（010）68948351（其他图书服务热线）
网　　址／http://www.bitpress.com.cn
经　　销／全国各地新华书店
印　　刷／北京紫瑞利印刷有限公司
开　　本／710mm × 1000mm　1/16
印　　张／14
字　　数／175千字
印　　次／2018年8月第1版　2018年8月第1次印刷
定　　价／72.00元

责任编辑／赵　岩
文案编辑／赵　岩
责任校对／周瑞红
责任印制／边心超

图书出现印装质量问题，请拨打售后服务热线，本社负责调换

编委会

前言

济宁是儒家文化发源地，历史悠久，人杰地灵，文化灿烂，是著名的“东方圣地”。伏羲氏、轩辕黄帝、少昊帝、舜帝等诞生在这里，中国历史上儒家“五大圣人”，即至圣孔子、亚圣孟子、复圣颜子、宗圣曾子、述圣子思也都诞生在这里。孔府、孔庙、孔林、孟庙、孟府、孟子林、孟母林等古建筑群是珍贵的世界文化遗产，也是中华文脉形成、发展和儒家学说重要地位的历史见证。孔子是中国历史上伟大的思想家和教育家，其创立的儒家思想深刻影响着中国两千多年的封建统治，对当今中国的政治、经济、文化发展也具有重要的影响。“至圣先师，万世师表”，儒学的细流涓涓流淌在济宁大地上，世代炎黄子孙就在这荡漾的碧波中不断开拓前行。

在中华民族五千年文化历史进程中，武术作为独立的社会文化现象，与中华民族文明的产生是同步的。中国传统武术伴随着中国历史与文明发展，走过了几千年的风雨历程。本书以济宁地域内优秀的传统非遗武术为内容，阐述了中华武术的起源与发展、儒家思想与武术发展的关系和孔孟之乡优秀的武术拳种，详细介绍了梁山武术、圣地查拳等传统武术的起源、发展和内容体系，重点对武术基本功法，圣地查拳技击风格与拳械套路、洪派太极拳基本功法与套路等进行了整理归纳，以期将孔孟之乡武术文化瑰宝呈现给读者，更好地推进传统武术的发展和传承。本书内容丰富，通俗易懂，力求将文化性和实用性完美结合，主要突出以下特点：

（1）紧紧围绕孔孟之乡武术组织素材，内容丰富，为传统文化教育提供了桥梁和媒介。

（2）注重武术渊源和发展的阐述，体现武术的传统性和文化性。

（3）图文并茂，简明实用。武术的技术动作比较复杂，单以语言表述难以详尽其要义，本书特别选配了大量真实技术动作分解图，力求图文并茂，以尽其详。

（4）提供了武术名家的人物写实，以人物为载体，将孔孟之乡武术活灵活现地展现在读者眼前。

本书具体编写分工如下：项目一的单元一至单元三、项目二的单元一至单元三、项目六的单元四由章国峰编写；项目一的单元四由王惠编写；项目二的单元四，项目四，项目六的单元一至单元三由宗锡元、宗婷、宗良、金聪编写；项目三由贾蓓编写；项目五由尤振编写。龚乃志负责本书的协调推进工作。

在本书编写过程中，尽管数易其稿，但由于时间仓促，难免会有一些疏漏。我们诚恳地希望广大读者提出宝贵意见，以期在修订时加以完善。

编　者

目录

孔孟之乡武术集萃

项目一
孔孟之乡武术概论

单元一　民族瑰宝——中华武术

一、中华武术的内涵

中华武术源远流长，是中华民族在长期生活和斗争实践中逐步积累和发展起来的一项宝贵文化遗产，这在世界文化史上尚无先例，可以说是中华民族独有的文化现象。在中华民族五千年历史进程中，武术作为独立的社会文化现象，是同中华民族文明的产生同步的。中国传统武术伴随着中国历史与文明发展，走过了几千年的风雨历程，有着悠久的历史和广泛的群众基础。中华武术每一个拳种大多具有百年以上的传承和发展史，以血缘家族或者师徒关系为主要传承路径，各路拳种具有独特的技击风格和丰富的内容体系。武术与当地群众生活休戚相关，真实演绎了中华儿女自古以来生产生活、民俗民风的全貌以及在推动社会进步和历史发展过程中不可磨灭的丰功伟绩。

二、中华武术的起源与发展

武术萌芽于原始社会时期，成形于奴隶社会时期，发展于封建社会时期。在冷兵器时代，猎取食物、防身御敌、保家卫国、诸侯争霸以及反抗暴政的农民运动和朝代更迭发生的军事战争，为武术的演进和发展提供了沃土。

(一)萌芽阶段

武术在我国有着悠久的历史，它的产生缘起于我国远古祖先的生产劳动。远古祖先的生产劳动充满了人与自然的斗争，人们在狩猎的生产活动中，产生了拳打脚踢、指抓掌击、翻滚跳跃等初级技能，使用工具后逐渐积累了劈、砍、刺等原始形态的攻防技能。这些原始形态的攻防技能是低级的，还没有脱离生产技能的范畴，却是武术形成的基础（图 1-1）。

图 1-1

（二）逐步成形阶段

1. 武术产生的背景

原始社会末期，部落战争的频繁发生，进一步促进了武术的发展。在部落战争中，远则使用弓箭、投掷器，近则使用棍棒、刀斧、长矛，凡是能用于搏斗搏击的任何生产工具都成为战斗的武器。在部落战争中，战场上搏斗的经验也不断得到总结，比较成功的一击、一刺、一拳、一腿，被模仿、传授、习练着，武术逐渐形成（图 1-2）。

图 1-2

夏朝时，武术进一步向实用化、规范化发展。商周时期，出现了“武舞”，用来训练士兵，鼓舞士气。商周时期，众多小国之间的战争频繁发生，军事斗争白热化，兵器在战争中发挥的作用也愈发重要。伴随着冶炼技术的发明与发展，人类成功地制造出了用于战争的青铜剑、青铜刀、青铜戟等。战争的胜利往往倾向于拥有先进武器的一方，而这从反面加速了落后方武器制造的速度与水平。由此，武器制造业的竞争大幕逐步拉开，此时武器运用的主要目的在于杀戮，其内在的美感与审美价值尚未被充分重视与发掘（图 1–3）。

图 1–3

射箭在商周时期成为重要的社会活动形式，甚至成为社会教育的重要组成部分。《诗经》中提到“射夫既同，献尔发功，发彼有的，以祈尔爵”，说的是射箭作为一项比赛活动开展，失败者要接受罚酒的惩处。在拳术方面，也出现了对于“拳”一词的描写，《诗经》中提到：“无拳无勇，职为乱阶。”人类历史上首次出现了“拳”一词，意味着武术从萌芽走向了逐步的发展。

春秋战国时期，一些较大的诸侯国，为了争夺土地、人口以及对其他诸侯国的支配权，不断进行兼并战争，武术在战争中扮演了重要角色。在诸侯争霸的过程中，大国兼并小国，诸侯国数目逐渐减少，华夏民族和其他各族接触频繁，促进了民族融合，这极大地促进了武术的发展。

2. 武器的发展

部落之间连年不断的争斗，加速了人类对于所使用武器的研发与制作，从而无形中促进了人类战争工具的发展。夏代仍沿用石制兵器，但有所改进，有了少量青铜兵器。到商代，军队使用青铜兵器已较普遍，而且兵器种类增多，质量大有提高。

1953 年，在河南省安阳殷墟出土的商代文物已有铜矛头、铜勾、铜戚、铜刀、铜斧、铜簇等（图 1–4）。另外，在山东省益都（今青州）出土了商代的兵器铜钺、铜头玉矛、铜戈。西周兵器进一步多样化，长兵器有戈、戟、钺、矛、斧等，短兵器则有刀、剑等。这些兵器多为铜质，质地精良坚利。

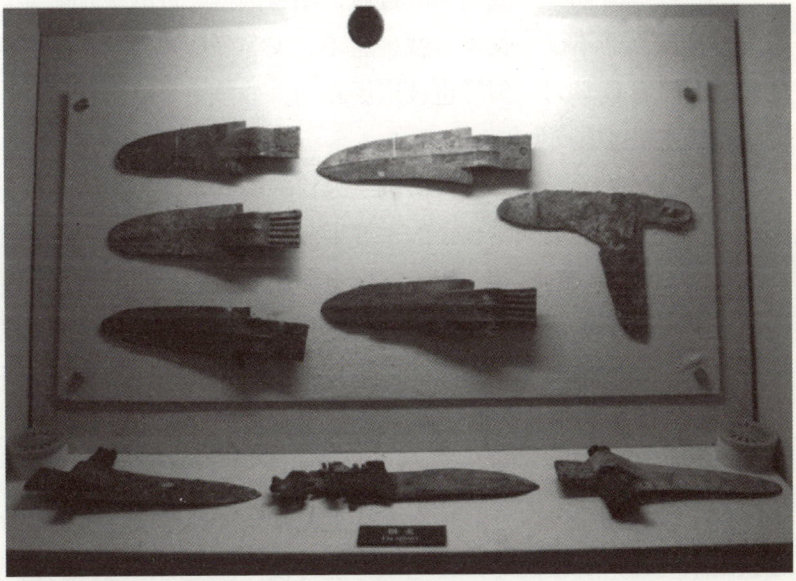

图 1–4

春秋战国时期，兵器迎来了更为广阔的历史舞台，冶炼技术从青铜器发展到了铁器，兵器也从青铜类发展到了铁制类。铁制兵器的运用，是人类继使用青铜兵器以后兵器发展的又一个里程碑。兵器的效用被进一步扩大，锋利程度提升，杀伤力大幅度提高，与人类生活的关系也愈发密切。兵器的研发与制作工艺逐步提高，对兵器外观美感的注重程度显著提升，对兵器所蕴含文化韵味的追求逐步提高。

3. 武术训练的开展

《史记》中记载了大量的关于氏族部落时期战争的场景与画面，不乏对于战争工具的描写，提及的兵器众多，如长矛、戈、戟、刀、弓箭等。春秋战国时期的兵器，主要有矛、戈、戟等。戈是长柄兵器中的一种，专门用于勾杀。为了使戈的勾部在进行战斗时不容易松脱，专门在位于长柄的下垂戈基位置钻了一排孔，然后用绳子穿过小孔绑在木柄上。春秋战国时期的兵器发展，集中体现在锋刃方面的变化，柄与锋刃在结合方面更加牢固，而且长度也明显增长。春秋战国时期，车战向骑战过渡，贴身肉搏和近战更加明显。当时的作战兵器不仅有长矛、戟、短矛、戈等一些短兵器得到广泛使用，而且匕首、刀、剑等也被广泛应用，战争更是从力量格斗向技巧、技术格斗方向发展。

由于战争的频繁化，以军事训练为目标的武术训练得以广泛开展，并成为各个国家国防建设的重要手段。士兵之间模拟进行徒手的搏斗和利用器械的格斗，成为军事生活中的常态。民间传说中流传着众多关于军事、兵器、战斗的传说，如干将莫邪制作宝剑的传说、吴越争霸的传说等。兵器的使用与不断演进，为武术的器械化发展指明了全新的方向。

战国时期的常备军成为国家军队的中坚力量，秦国称之为锐士，魏国称之为武卒，齐国称之为技击。这些人都是通过严格程序选拔出来的，具有较高的社会地位，享有较为优厚的待遇，例如魏国规定选中军士者，全家赋税都可以免除，并且赐给一定田宅。

频繁、宏大、激烈的战争极大地推动了武术的发展，推动了春秋战国时期武术技击水平的提高。春秋战国时期是我国武术发展的重要时期，为中华武术的发展奠定了基础。春秋战国时期已经基本形成以肢体格斗为主的拳术和以兵器为攻防器具的技术体系。春秋战国时期武术的重要特点是兵器形态发展明显变化，技术更加成熟，只是主要用于战争，而很少用于健身。春秋战国时期武术的主要目的是在搏杀中杀死对方，所以在力量上十分强劲，这与当时的尚武精神有很大联系，集中体现了这一时期武术发展的主要特点。

（三）完善发展阶段

在奴隶社会向封建社会转变的重要历史时期，由于阶级矛盾的激化以及频繁的战争，逐渐推动武术的快速发展。秦汉以来，盛行角力、击剑。秦朝的“罢讲武礼，为角抵”，便是对角斗活动的生动记载。秦朝依靠强大的军事实力，统一了六国，其赖以统一天下的最重要的工具便是士兵，从陕西秦始皇陵兵马俑出土的文物中，可以窥见当年秦军武装力量的强大与威猛。弓弩、刀剑、勾叉、斧钺、铠甲、战车等一系列的武装斗争工具被发掘出来。兵马俑骨骼强健，姿态优美，也充分显示了当时社会对于士兵强有力的体能活动的肯定与赞扬。

汉代的攻防格斗术高速发展，并获得了社会各界的广泛喜爱。此时的武术已经逐步展现出其内在的美学价值，人们对于武术内涵的追求正在稳步上升，与武术相关的各种兵器也被赋予了神圣的意义与内涵，武术相关的各种活动也在社会上逐步开展起来。《史记》记载的“鸿门宴”中，“项庄舞剑，意在沛公”便体现了以击剑为表演项目的武术活动。《汉书》中对“搏”“击剑”等都有详细的记载，如“安太子学击剑，自以为人莫及，闻郎中雷被巧，召与戏，被一再辞让，误中太子”，就是讲太子与人比剑被刺的故事。曹丕在《典论》一书中提到“余自幼学击剑”的话。至此，中华武术的发展已经显露出了两个趋势：第一，以战争为目标的进攻格斗类的搏击、格斗动作的出现；第二，以表现人与野兽、人与人之间肢体运动美感为目的的表演性动作的出现。这成为中华武术最早表现出的两种基本趋势。

隋唐时期，骑兵被广泛地运用到军事行动中，长矛成为骑兵使用的最重要武器。更为重要的是“武举制度”的确立，使武术全面获得统治阶级的认可，从而引领了中华武术的大发展。

宋元时期，以民间结社的武艺组织为主体的民间练武活动蓬勃兴起。明清时期是武术大发展时期，流派林立，拳种纷显。拳术有长拳、猴拳、少林拳、内家拳等几十家之多；同时形成了太极拳、形意拳、八卦拳等主要的拳种体系。

中华武术发展到明清时期，日臻成熟，不仅积累了丰富的实战经验，而且产生了比较系统的武术理论，并与中华民族的传统文化融会贯通，形成了博大精深的中华武术文化，成为中国五千年灿烂文化的有机组成部分。到了近代，武术适应时代的变化，逐步成为中国近代体育的有机组成部分。

三、中华武术的传承

中华武术是中华民族优秀文化遗产之一，也是中华民族对世界文化做出的重要贡献，它在健身和技击、磨炼意志、提高人格修养等方面都有良好的作用，颇受人们喜爱。据《诗经》《管子》《荀子》《汉书》等古籍记载，我国早在公元前，包括器械在内的各民族的多种武术就已形成，其内功修炼的一些具体方法，在医学典籍《黄帝内经》中也有记载，至今传习，只不过现在还未能弄清与现代武术有什么差异。然而，不管怎样，中华武术在华夏大地上代代相传，成就了中华民族心理素质的一个部分，即尚武精神。而武术的本体与尚武精神二者相互为用，使中华民族各家各派武术得以传承、发展、演化和派生，名家辈出，代不失人。到了近代，已是种类繁多，各具特色，蔚为壮观。

中华武术的传承多以血缘家族或者师徒关系为主要传承方式，反映的是具有地域文化特色的传承技艺内容，具有健身娱乐、防身御敌、保家卫国等重要价值。中华武术是中华民族在长期生活和斗争实践中逐步积累和发展起来的一项宝贵文化遗产，是一种独立的社会文化现象，同中华民族文明同步产生，是维系中华民族生存和发展的魂，承载中华儿女基因构成的魄。

单元二　儒家学派与中华武术

齐鲁地域是中华文明的发祥地之一，自古以来在中华民族发展史上具有重要地位。齐、鲁两国文化经过逐步融合到战国时期已初步成为一个统一的文化实体，成为天下向慕的“礼仪之邦”。齐鲁大地也是儒家学说的诞生地，济宁素有“孔孟之乡”的美誉，伏羲氏、轩辕黄帝、少昊帝、舜帝等诞生在这里，中国历史上“五大圣人”即至圣孔子、亚圣孟子、复圣颜子、宗圣曾子、述圣子思也都诞生在这里。

一、儒家学派与齐鲁武艺

在人们的心目中，文化圣地是不会崇尚武力的，其实不然。圣地人民素以淳朴忠实、勇敢尚义见称于史册，又以武强术高、武德兼备而闻名于天下。作为北方文化重心的齐鲁文化，在文化的激荡交融过程中兼容并蓄，吸纳了中原文化和燕赵文化的精华，酝酿出诸多武术拳种文化，具体表现为拳种独特的内容体系、风格特征和技术要求。

自古齐国崇武尚勇，养成了齐人粗犷、勇武、刚烈的性格；鲁国则奉行礼制，崇尚伦理和秩序，民风谦逊礼让。但两国地域毗邻，文化亦有共通之处，如重教化、尚德义、重节操等。在这样的文化背景下，各拳种形成了独特的技术风格和文化交融。距孔子故里曲阜几十里路的汶上地区的文圣拳，受鲁国周礼文化影响颇重。动作古朴稳健，无蹿蹦跳跃，五步之地就可练拳。该拳包括文功、武功两部分，文功练习形式有盘膝、打坐、坐卧行走；武功分为功法、单练、器械对练、实战等形式。此外，文圣拳动作配合呼吸，式式讲究发力，习练多以长寿老人居多，有“八十出功，九十不松”的说法，所以该拳又有“长寿拳”一说。该拳中的文圣剑，七字歌云：“……快慢相间似游泳，能刚能柔君子剑。”“君子剑”一词足以体现文圣拳“尚德义、重情操”的思想。

春秋时期，鲁国是文武兼重的中等邦国，奉行文武并治的治国方针，鲁人作战以勇著称、以力闻名。孔子，名丘，字仲尼，是我国古代最著名的思想家、教育家、政治活动家，儒家学派的创始人（图 1–5）。孔子出生于武术世家，其父叔梁纥为鲁国武士。孔子身材高大，力大过人，不但文才冠世，还身怀绝艺，武技高超，并且弟子成群，以“礼、乐、射、御、书、数”作为教育弟子的主要内容，师徒传承。他教出很多武艺非凡的弟子，如冉求、子路、有若等。

孔子是一位武技全面的人，博学多智，识兵晓戎，并精通射、御、猎多种技能，尤以身材高大、力气过人而著称于鲁国。孔子身高九尺六寸，《列子》中记载：“孔子劲能招国门之关”，意思是说孔子能够举起城门的门闩。古时候城门门闩非常粗重，一人难以搬动，而孔子能举起，足见其力量之强。据《礼记·射义》记载，孔子射箭“观者如堵墙”，不难想见其技艺。《论语·子罕》中孔子曾对弟子们说“吾何执？执御乎？执射乎？吾执御矣”，可见孔子驾车和射箭技术必定不差。孔门弟子中武技最高者，要算子路。相传子路性勇而好斗，擅长剑术和技击，

图 1–5

能使斧、戟等多种兵器，武艺过人，后世常以他的名字作为勇士的代称。孔门弟子中的公良孺、冉求、樊迟、有若等有过军事生涯，显示出高深武艺。

孔子创立的儒家思想深刻影响了我国两千多年的封建统治，对我国的政治、经济、文化产生了重要的影响。儒家思想是我国传统文化与智慧的结晶，是我国两千多年政治、经济、文化思想经过融会贯通形成的思想综合体。

二、儒家思想对中华武术的影响

中国传统武术是中华民族在特定的历史环境和文化环境中创造与发展起来的，深受中国传统文化思想的影响与熏陶。儒家思想是我国哲学中最丰富的思想体系，是千百年来统治者推行的主流思想。武术是中华民族古老文化遗产的重要组成部分，渗透着中华民族独特的文化气息与思想智慧。儒家强调“仁义”“礼义”，“仁”是儒家思想的核心。孔子认为，“仁者心有勇”“仁者爱人”，传统武术的伦理思想中渗透了“仁义”观念。

武术作为中国文化的重要符号，也无法摆脱儒家思想的“束缚”与“控制”。中华武术在不断的探索发展中，在一定程度上选择了儒家思想作为其思想基础，这是传统武术发展自然选择的必然结果。

武术有了儒家思想的文化内涵，才有了独具中华文化特色的文化价值与魅力。儒家思想为中华传统武术确立了道德基准与行为规范。这个道德基准就是“仁”，而行为规范则是“礼”。对于修习者而言，首要的是要有高尚的道德情操，即要有“武德”，其次才是武术的传习问题。修习者要习武以礼，事事讲礼，拜师、比武、出师等，不离礼教；武术项目自身，也恪守着礼法与规矩，手眼身法步，样样有规矩，这就是礼法的规范。

儒家思想对于武术的更为深厚的贡献，在于“止戈为武”的“仁者无敌”境界。武术精神的最高境界是“止戈”，以“和”为贵的和谐世界观展露无遗，这是儒家思想对中华武术文化的意义深刻的厚礼与无尽贡献，也是中华武术博大精深、传承千年的根本因素。儒家思想中的人生观是刚强进取、奋斗不息，对武术练习者而言，具有共识性。“冬练三九，夏练三伏”即是如此。绵延的历史长河中，基于儒家文化中对个体道德准则的标准化要求，传统的中国武术也构建起了相应的道德要求：武德——尚武崇德，德居武前。

单元三　孔孟之乡武术概览

中华武术历史悠久，距离孔子诞生地 100 千米的梁山，与河南少林、四川峨眉、湖北武当被誉为中华武术的四大发祥地，在历史上享有盛誉。梁山是水浒英雄故事的发源地，是历代群雄啸聚，反压迫、反剥削的地方，民间习武之风盛行。

据史籍记载，梁山武术的源头最早始于隋朝末年。梁山北 40 千米的斑鸠店，是唐朝开国功臣程咬金的故里。程咬金善用板斧、马梢，曾聚众数百，保安一方。北宋年间，以晁盖、宋江为首的农民起义军，以梁山为根据地，劫富济贫，除暴安良。从此高手云集的水泊梁山，便名冠武林，威震天下。以宋江为首的英雄好汉，战前练功，战后休整，经常到梁山北六工山建福寺与该寺方丈元通互相切磋，反复研习，后来鲁智深、武松、燕青、时迁、林冲等好汉到建福寺出家为僧，形成了子午门功夫的雏形。南宋绍兴元年（1131 年），元通研习并创立子午门功夫。北宋末年，梁山好汉的武功绝技开始流入民间，与梁山土著拳械交相辉映。明末清初，梅花拳、佛汉拳等外地拳种相继传入。梁山武术流派之多、传播之广、普及之深，以及历史之悠久，在中国武术界是无与伦比的。2014 年 7 月，梁山武术入选第四批国家级非物质文化遗产代表性项目名录推荐名单。

因梁山地区与河南相邻，少林武术与该地许多拳种有着密切联系，都表现为大开大合、注重力量，具有独门功法练习，如“梁山武术”以水浒英雄命名的各种拳法和器械，像武松醉拳、林冲枪、燕青拳、关胜大刀、鲁智深禅杖、李逵板斧等。地理位置对武术拳种的产生和发展有着较大的影响，如义和拳的前身梅花拳是义和团运动中具有标志性的拳种，而山东省级非遗项目济南梅花拳与河北的梅花拳有着血缘关系；极具影响力的河南少林武术对山东省影响颇大，其中影响最大的地区是鲁西南、鲁西地区。

鲁桥距离孔子诞生地 60 千米，明朝抗倭名将，杰出的军事家、书法家、诗人、民族英雄戚继光就出生在这里（图 1–6）。戚继光是将门之后，自幼随父习武，而其父与李氏查拳祖人关系甚密。戚继光以其高超的武艺和卓越的军事才华名扬天下，他还是一位杰出的兵器专家和军事工程家。他改造、发明了各种火攻武器；他建造的大小战船，使明军水路装备优于敌人；他富有创造性地在长城上修建空心敌台，进可攻、退可守，是极具特色的军事工程。

戚继光在东南沿海抗击倭寇十余年，扫平了多年为虐沿海的倭患，确保了沿海人民的生命财产安全；后又在北方抗击蒙古部族十余年，保卫了北部疆域的安全，促进了蒙汉民族的和平发展；写下了十八卷本《纪效新书》和十四卷本《练兵实纪》等著名兵书。他留下了永存史册的“封侯非我愿，但愿海波平”的个人抱负和爱国情怀。

图 1–6

曾在梁山杏花村法兴寺任住持的主僧西竺禅师，武艺超群，武德高尚，培养了一大批技术娴熟的武僧，并率领弟子三千开赴浙东沿海，配合戚继光与倭寇进行英勇的斗争。

封建统治者的残酷剥削和压迫、政治腐败、赋税徭役繁重，加之自然灾害和瘟疫频发，以及少数民族的入侵、宗教信仰冲突等多种因素，致使齐鲁大地上发生了几百次农民起义和战争。古九州之一的兖州距离孔子诞生地 20 千米。东汉末年黄巾军起义，太平道首领张角秘密组织活动，徒众达数十万人，遍布兖州、青州、徐州、冀州等八州。初平三年（192 年），他们破城杀官吏，与汉军激战于兖州、东平、寿张等地，并杀了朝廷大将刘岱、鲍信等。

距离孔子诞生地 50 千米的任城是李氏查拳的诞生地。查拳于清代康熙年间已在黄河流域盛传。乾隆年间，查拳已在山东的冠县、济宁形成了三个不同的技术流派，而任城一派的形成或许更早。经过历代拳师的辛勤传播和发展演变，从查拳的拳谱资料和技艺传播的地域分析，冠县两氏查拳师承上的分途约在清朝雍正年间，而济宁一脉查拳技艺的形成还要早些。济宁的查拳，刚劲有力，招式连贯，以济宁人李恩聚为代表。李恩聚，字会亭，回族，生于清朝咸丰九年（1859 年）。李氏家族祖辈习武，尤精查拳、弹腿和捣捶。李恩聚自幼在其父李振荃的指导下勤习苦练，20 岁时，被河标营录为营官，后在父亲的支持下离家出走，寻师访友，增进武功。他在济宁开设“锦源公永顺镖局”。1909 年，李恩聚 52 岁时被霍元甲聘为上海精武会教师，晚年在上海精武会执教。

距离孔子诞生地 70 千米的汶上南旺镇流传一种古老而稀有的拳法——“文圣拳”。文圣拳是山东稀有拳种，又称五步架、杜家拳、神拳、长寿拳，是一种古老的传统拳术。据传文圣拳为赵匡胤后代将赵匡胤所习的老洪拳和文功静坐法相结合发展演变而来。文圣拳是我国传统武术宝库中的一朵奇葩，被誉为山东省四大名拳之一。在国家非物质文化遗产文圣拳传承人宋连洪先生与宋国旗先生、王安林先生及门人的共同努力下，2009 年文圣拳被山东省政府列为省级非物质文化遗产保护项目。由于文圣拳中长寿老人甚多，有“八十出功，九十不松”的说法，而一代宗师宋传平老先生，在 1986 年以

94 岁高龄参加全国武术观摩交流大会，并获“雄师”金奖。他享年 104 岁，故人们又称文圣拳为能使弱者强、强者仁、仁者寿的“长寿拳”。

单元四　武举制

一、科举制度

科举制是我国古代通过考试选拔官吏的制度。在我国，科举制从隋朝（一说唐朝）开始实行，直至清朝光绪三十一年（1905 年）举行最后一科进士考试为止（世界上最后一届科举考试结束于 1919 年的越南阮朝）。科举制首先是从文举开始的，选拔的都是经国治世的文才，因此文举是科举制的主要组成部分。中国科举史前后经历一千三百余年，成为世界延续时间最长的选拔人才的办法，曾经涌现了数以百万计的举人和十多万名进士，而作为这个庞大知识分子群体之巅峰的“状元”，则是屈指可数。

二、武举制度

（一）武举制的起源

科举制是中国创造的一项人事选拔制度，武科举则是中国在军事上选取武官的又一创举。武举制度创始于唐代，是中国唯一的女皇帝武则天执政时期开始的，自此以后，武举考试为大多数封建王朝所承袭，成为封建国家网罗武备人才的重要制度。武举主要选拔将才，相对而言，其重要性不及文举，武举出身的地位也不及文举的进士。

公元 702 年，武则天下诏令天下诸州有练习武艺者，每年准明经、进士举送，考试合格者授予武职，历史上第一次把武科放在与进士、明经两科同等的地位。武则天令兵部主管武举。考生为六品以下文武官，三品以下五品以上勋官子弟，年满十八岁并已交纳十三年“品子课钱”者；凡触犯令者、工商之子、州县衙门小吏，不得参加考试。考试内容共有七项：靶射、骑射、步射、身高、相貌、言论、举重（翘关）。通过考试录取身躯魁伟、应对详明、有勇有才且可为统帅的举子。

（二）武举制的发展与兴盛

唐代武举偏重于技勇，重点是马上枪法，而整个制度还不够完备，只能说是武举的创制时期。从宋代开始，武举被纳入整个科举体系之中，确定了三组考试的程序和外场考武艺、内场考策论兵书的考试办法，武举制度臻于规整。宋代规定武举不能只有武力，还要考问军事策略，比如孙吴（孙子、吴起）兵法等。到了明朝时更改为“先之以谋略，次之以武艺”，把军事谋略置于军事技术之上，如果在答策的笔试中不及格，便不能参加武试。由于明代的军事职位多半由世荫承袭，再加上由行伍逐步提拔起来的，武举选将只是个补充形式，所以，明代武举出人不多。

元代武举废止不行。武举的兴盛是在明清两代，特别是在清代。明代武举创制甚早，但制度一直没有确定下来。清代情况大不相同，重视程度大大超过明代。清军崇尚武功，尤精骑射，在其以武力夺取天下之后，一改宋明以文抑武的积弊，主张文武并重。由于国家大力提倡，武举制度日益严密，录取相对公正，因此，民间习武者对武举考试趋之若鹜。清代武举考试前后经历 250 多年，录取进士近 9 000 人，其规模之大是史无前例的。

（三）清代武举制

清代武举各级考试，通常每三年举行一次，每科都有录取人数定额和年龄限制。清代文科考生不拘年龄，老于场屋而终身无尺寸进取者大有人在，80 岁以上还下考场的事情并不罕见。清政府对这种人通常都要给予褒奖，无非是为吸引更多的士人把毕生精力用在八股文上。但武科是有年龄限制的，规定武生、武举年龄超过60岁，地方不许发给参加乡试和会试的手续。道光二十六年（1846年），安徽有个叫符成梅的武童生，以84岁高龄参加武乡试，居然三场都应付下来。主持乡试的官员奏请皇帝授予职衔，道光皇帝以“违例妄请”的罪名将报请官员革职，并下令将送考、收考的学政、巡抚等一律“严加议处”。

清代武举依文榜程序，考试大致分四个等级进行。一是童试，在县、府进行，考中者为武秀才。二是乡试，在省城进行，考中者为武举人。三是会试，在京城进行，考中者为武进士。四是殿试，会试后已取得武进士资格者，再通过殿试（也称廷试）分出等次，共分三等，称为“三甲”。一甲是前三名，头名是武状元；二名是武榜眼；三名是武探花。前三名世称为“鼎甲”，获“赐武进士及第”资格。二甲十多名，获“赐武进士出身”资格。二甲以下的都属三甲，获“赐同武进士出身”资格。

殿试的规格很高，一般由皇帝亲自主考。考试揭晓后，在太和殿唱名，西长安门外挂榜，并赐给武状元盔甲，然后由巡捕营护送武状元归第，炫耀恩荣。第二天，在兵部举行盛大的“会试宴”，又赏给武状元盔甲、腰刀等，赏给众进士银两等。清代科甲等级差别甚大，同样是武进士，一、二、三甲的等级和荣誉却大不相同。自然状元是出尽了风头，登第后的三天内，可以披红挂彩，上街夸官，真所谓春风得意、风光十足。

殿试以后，通常立即由兵部授予官职。顺治三年（1646年）丙戌科是清朝武举第一科，当时规定武状元授正三品的参将，武榜眼授从三品的游击，武探花授正四品的都司。二甲授正五品的守备，三甲授从五品的署守备。康熙年间又有变动，改为一半授营职，是直接带兵的官，另一半授卫职，是皇帝的宫廷侍卫。雍正五年（1727年）规定，武状元授御前一等侍卫，武榜眼、武探花授二等侍卫。再从二甲中选头十名，授三等侍卫。其余全在兵部注册授予守备等营职。雍正以后各朝武进士的授官情况还有一些变化，不过所授品阶基本上以康熙时定制为准，没有太大的变动。

所谓武举基础，可从两个方面认识，一是尚武风气，二是文教水平。河北省武状元最多，武榜眼、武探花也比别的省多，这与河北省武风素盛分不开。正因为河北省武风基础好，所以清朝对河北省特别重视，乡试名额总比他省给得多。陕、甘二省古多名将，尤其是甘肃，虽然经济、文化都比较落后，但自来“人材健壮，强勇者多，骑射娴熟，胜于他省”。康熙年间平定“三藩之乱”中的名将张勇、赵良栋、王进宝、孙思克都出在陇右，所以清朝对陕、甘二省总是另眼相看。

项目二
武术瑰宝——非遗武术

单元一　非物质文化遗产概论

一、世界非物质文化遗产保护

2003年9月29日至10月17日，联合国教育、科学及文化组织（简称教科文组织）大会在巴黎举行第三十二届会议，我国教育部部长周济率领中国代表团出席。

该次大会参照现有的国际人权文书，尤其是1948年的《世界人权宣言》以及1966年的《经济、社会、文化权利国际公约》和《公民权利及政治权利国际公约》两个公约；考虑到1989年的《保护民间创作建议书》、2001年的《教科文组织世界文化多样性宣言》和2002年第三次文化部长圆桌会议通过的《伊斯坦布尔宣言》强调非物质文化遗产的重要性，认为它是文化多样性的熔炉，又是可持续发展的保证；考虑到非物质文化遗产与物质文化遗产和自然遗产之间的内在相互依存关系，承认全球化和社会变革进程除了为各群体之间开展新的对话创造条件，也与不容忍现象一样，使非物质文化遗产面临损坏、消失和破坏的严重威胁，而这主要是因为缺乏保护这种遗产的资金；意识到保护人类非物质文化遗产是普遍的意愿和共同关心的事项，承认各群体（尤其是土著群体）、各团体、有时是个人在非物质文化遗产的创作、保护、保养和创新方面发挥着重要作用，从而为丰富文化多样性和人类的创造性做出贡献；注意到教科文组织在制定保护文化遗产的准则性文件，尤其是1972年的《保护世界文化和自然遗产公约》方面所做的具有深远意义的工作；还注意到迄今尚无有约束力的保护非物质文化遗产的多边文件；考虑到国际上现有的关于文化遗产和自然遗产的协定、建议书和决议需要有非物质文化遗产方面的新规定有效地予以充实和补充；考虑到必须提高人们，尤其是年轻一代对非物质文化遗产及其保护的重要意义的认识；考虑到国际社会应当本着互助合作的精神与本公约缔约国一起为保护此类遗产做出贡献；考虑到教科文组织有关非物质文化遗产的各项计划，尤其是“宣布人类口述遗产和非物质遗产代表作”计划；认为非物质文化遗产是密切人与人之间的关系以及他们之间进行交流和了解的要素，它的作用是不可估量的，因此于2003年10月17日通过《保护非物质文化遗产公约》。

在该公约中，“非物质文化遗产”指被各群体、各团体、有时为个人视为其文化遗产的各种实践、表演、表现形式、知识和技能及其有关的工具、实物、工艺品和文化场所。各个群体和团体随着其所处环境、与自然界的相互关系和历史条件的变化不断使这种代代相传的非物质文化遗产得到创新，同时使他们自己具有一种认同感和历史感，从而促进文化多样性和人类的创造力。“非物质义化遗产”包括以下方面：①口头传说和表述，包括作为非物质文化遗产媒介的语言；②表演艺术；③社会风俗、礼仪、节庆；④有关自然界和宇宙的知识和实践；⑤传统的手工艺技能。

二、我国非物质文化遗产保护进程

1. 我国非物质文化遗产保护现状

我国是一个多民族的国家，悠久的历史和灿烂的古代文明为中华民族留下了极其丰富的文化遗产。我国政府历来高度重视文化遗产保护工作，在全社会的共同努力下，文化遗产保护工作取得了显著成效。当前，随着经济的全球化和社会的现代化，我国文化遗产生存环境渐趋恶化，保护现状堪忧。为进一步加强我国文化遗产保护，继承和弘扬中华民族优秀传统文化，推进社会主义先进文化建设，国务院决定从2006年起，每年6月的第二个星期六为我国的“文化遗产日”。

“中国非物质文化遗产”标志（图2-1）主要用于研究、收藏、展示、出版等领域。标志外部图形为圆形，象征着“循环，永不消失”；内部图形为方形，与外圆对应，天圆地方，表达“非物质文化遗产存在空间有极大的广阔性”；图形中心造型为古陶最早出现的纹样之一鱼纹，隐含“文”字，“文”指非物质文化遗产，而鱼生于水，寓意“中国非物质文化遗产源远流长，世代相传”；图形中心，抽象的双手上下共护于“文”字，意取“团结、和谐、细心呵护和保护非物质文化遗产、守护精神家园”的寓意。标志图形传达出古朴和质拙感，一方面反映了非物质文化遗产的生存现状，另一方面彰显了中国政府和人民保护祖国非物质文化遗产的强烈责任心和使命感，表现出中华民族团结、奋进、向前的时代精神。

图 2-1

自从2005年国务院第一次提出要进行非物质文化遗产保护开始，我国的非遗事业已经走过了12年的时间。在这12年里，我国已建立起县级、市级、省级、国家级的四级非物质文化遗产保护名录，现审批通过的国家级非物质文化遗产已经达到了1 372项。目前，我国已有39个项目跻身世界级非物质文化遗产，项目总数位居世界第一。其中，人类非物质文化遗产代表作名录31项，急需保护的非物质文化遗产名录7项，非物质文化遗产优秀实践名册1项。但因为我国历史悠久、幅员辽阔、民族众多，非遗项目分布广泛，仍有很多非遗项目已经或者濒临失传，需要我们进一步进行有效的保护和传承。

2011年2月25日，中华人民共和国第十一届全国人民代表大会常务委员会第十九次会议通过了《中华人民共和国非物质文化遗产法》，自2011年6月1日起正式施行。

2. 我国非物质文化遗产保护内容

《中华人民共和国非物质文化遗产法》所称的非物质文化遗产，是指我国各族人民世代相传并视为其文化遗产组成部分的各种传统文化表现形式，以及与传统文化表现形式相关的实物和场所。包括：

（1）传统口头文学以及作为其载体的语言。

（2）传统美术、书法、音乐、舞蹈、戏剧、曲艺和杂技。

（3）传统技艺、医药和历法。

（4）传统礼仪、节庆等民俗。

（5）传统体育和游艺。

（6）其他非物质文化遗产。

3. 我国非物质文化遗产保护体系

为使我国的非物质文化遗产保护工作规范化，国务院发布《关于加强文化遗产保护的通知》，并制定“国家 + 省 + 市 + 县”共 4 级保护体系，要求各地方和各有关部门贯彻“保护为主、抢救第一、合理利用、传承发展”的工作方针，切实做好非物质文化遗产的保护、管理和合理利用工作。按照国家原文化部规划建立的“国家 + 省 + 市 + 县”共 4 级保护体系，各省、自治区、直辖市也都建立了自己的非物质文化遗产保护名录，并逐步向市、县扩展。

国务院文化主管部门负责全国非物质文化遗产的保护、保存工作；县级以上地方人民政府文化主管部门负责本行政区域内非物质文化遗产的保护、保存工作；县级以上人民政府其他有关部门在各自职责范围内，负责有关非物质文化遗产的保护、保存工作。县级以上人民政府应当将非物质文化遗产保护、保存工作纳入本级国民经济和社会发展规划，并将保护、保存经费列入本级财政预算。国家扶持民族地区、边远地区、贫困地区的非物质文化遗产保护、保存工作。

此处的“保护”指采取措施，确保非物质文化遗产的生命力，包括这种遗产各个方面的确认、立档、研究、保存、保护、宣传、弘扬、传承（主要通过正规和非正规教育）和振兴。国家对非物质文化遗产采取认定、记录、建档等措施予以保存，对体现中华民族优秀传统文化，具有历史、文学、艺术、科学价值的非物质文化遗产采取传承、传播等措施予以保护。公民、企事业单位、社会组织等可根据逐级申报的原则，向单位或居住地所在区非物质文化遗产保护中心提出申报非物质文化遗产项目的申请。

非物质文化遗产最大的特点是不脱离民族特殊的生产生活方式，是民族个性、民族审美习惯的“活”的显现。它依托于人本身而存在，以声音、形象和技艺为表现手段，并以身口相传作为文化链而得以延续，是“活”的文化及其传统中最脆弱的部分。因此对于非物质文化遗产传承的过程来说，人的传承就显得尤为重要。

4. 非物质文化遗产代表性项目名录

国务院建立国家级非物质文化遗产代表性项目名录，将体现中华民族优秀传统文化，具有重大历史、文学、艺术、科学价值的非物质文化遗产项目列入名录予以保护。各省、自治区、直辖市人民政府建立地方非物质文化遗产代表性项目名录，将本行政区域内体现中华民族优秀传统文化，具有历史、文学、艺术、科学价值的非物质文化遗产项目列入名录予以保护。

各省、自治区、直辖市人民政府可以从本省、自治区、直辖市非物质文化遗产代表性项目名录中，向国务院文化主管部门推荐列入国家级非物质文化遗产代表性项目名录的项目。公民、法人和其他组织认为某项非物质文化遗产体现中华民族优秀传统文化，具有重大历史、文学、艺术、科学价值的，可以向省、自治区、直辖市人民政府或者国务院文化主管部门提出列入国家级非物质文化遗产代表性项目名录的建议。

2006 年 5 月 20 日，国务院公布第一批国家级非物质文化遗产名录，共计 518 项。

2008 年 6 月 7 日，国务院公布第二批国家级非物质文化遗产名录和第一批国家级非物质文化遗产扩展项目名录，其中前者共计 510 项。

2011 年 5 月 23 日，国务院公布第三批国家级非物质文化遗产名录和国家非物质文化遗产扩展项目名录，其中前者共计 191 项。

2014 年 11 月 11 日，国务院公布第四批国家级非物质文化遗产代表性项目名录和国家非物质文化遗产扩展项目名录，其中前者共计 153 项。

单元二 省级非物质文化遗产——梁山武术

梁山是中国古典名著《水浒传》故事发源地，梁山好汉的大本营，位于山东省济宁市西北。济宁自古以来就以“东文西武”蜚声中外，如果说以孔子为代表的儒家文化的博大精深体现了“东文”，那么以梁山好汉为代表的水浒文化则成为“西武”的典型代表。2006 年，梁山武术成为山东省首批非物质文化遗产之一。2014 年，梁山武术入选国家文化部公示的第四批国家级非物质文化遗产代表性项目名录推荐名单。

长期生活在梁山这片沃土上的人们崇尚武术，自古以来，民间习武之风盛行，素有“喝梁山的水，都会伸伸胳膊踢踢腿”之说。纵观古今，在中华大地上，水泊梁山被称为武术之乡当之无愧（图 2-2）。更值得自豪的是，梁山为中华武术的发扬光大做出了宝贵贡献，为祖国培养造就了许多杰出的武术人才，为国增光，并令世界武林有识之士所称道。

图 2-2

一、梁山武术的起源与发展

梁山武术源远流长，自有史料记载以来，武术就是梁山广大群众喜闻乐见、易于开展的传统体育活动项目。当地民间有句俗话“拳打卧牛之地”，意思是开展武术活动在场所要求上伸缩性较大，有块平坦的可容牛卧之平地，即可具备先决条件；再者，从设备、器械方面要求也不复杂，用日常生活中的棍、棒之类，就可以练武。武术不仅有强身健体作用，而且活跃了人民群众的文化生活。因此，每当农闲季节，当地便形成群众性的练武热潮。天暖时凑场院，天冷时找闲屋、挖地窖，切磋武艺，勤学苦练，几乎村村可以见到。

在项目一单元三“孔孟之乡武术概览”中，我们讲述了梁山武术的起源，之后，梁山武术获得了长足发展，明朝崇祯年间（约1636年）梁山西北寿张集武林高手李青山，聚众数百，杀富济贫，连克寿张、郓城、东平、张秋等县城，一度成为农民起义首领而声威大震。

清末，太平天国运动和捻军起义爆发之后，梁山南嘉祥人胡四在梁山一带结交了著名武林高手梁山东青堌堆的王君坷、梁山大寨的马声彦、天齐庙道士刘何真、梁山西黑虎庙的高建成等，并联合驻扎在曹县的捻军首领张洛型，于咸丰元年（公元1851年）十月，在寿张集西徐楼玉皇阁起义。这支义军曾在济宁与僧王军展开血战，最终虽因寡不敌众而失败，却大大激发了梁山人民反压迫的斗志和习武的热情，武术拳种、器械等也都有了空前的发展。在梁山广为流传的梅花拳，就是在这一时期演练而成的精彩拳种。

清朝灭亡后，随着中华武术各级“国术馆”的相继建立，梁山武术也随之进入了一个兴盛时期。梁山的不少武术强将受聘到各级国术馆任教，为武术的发展培养了大批专业人才。梁山北20余里代庙村的常丙章、常丙义被青岛国术馆聘为教习，至今青岛还有常教习的后传弟子。梁山南8余里的姜庄续贞为被聘为汶上县国术馆教习，并任该国术馆副馆长，至今姜庄现存的石碑上尚有记载。此间，梁山一带民间习武之风空前活跃，并出现了一些武术之乡、武术之村。如代庙乡，由著名拳师宋文林（1832—1915）主持，其武艺高强，弟子不下 300 人。宋文林曾在北京、天津的教场、镖局任教多年，后在东平教场教学。其弟子常丙义、陆家灿、魏凤银、胡明海、陆传昌、王丙信、郭行兰、勒文贞、谌珠梁等武林高手都曾在青岛国术馆、山东国术馆任教。梁山大寨里的前集马振杨村，由拳师王清月主持，波及梁山周围几十个村庄，习武者 2 000 余人。该村设有“艺学”，本着农闲多练、农忙少练的原则，习武活动长年不断。杏花村附近的张垓村自明代以来喜欢玩枪弄棒，尤以狮子舞技艺非凡，远近驰名，深受当地群众欢迎。

抗日战争爆发以后，梁山武林志士纷纷走向保家卫国的疆场，浴血奋战，立下了汗马功劳。当代武术拳师王传俭、王俊山、李象山等，在打鬼子除汉奸战斗中充分发挥了武术的独特作用。特别是杏花村附近马庙村的马达，自幼习武，有胆有谋，一提马达敌人就胆战心惊，是人民群众赞不绝口的传奇式人物。

梁山武术协会的正式成立，是推动现代梁山武术事业发展的一个重要里程碑。为推动和指导梁山武术的健康发展，协调各拳派之间的关系，提高梁山武术的竞技和武德水平， 1982 年 9 月，由梁山健在的老拳师、各拳派代表、政府体育部门负责人参加的梁山武术界盛会，选举 31 名委员组成了梁山武术协会，并选出了武协主席、副主席和秘书长。 1986 年，梁山武术协会第三次会议又增设了常务委员会，修订了会员章程，发展会员 1 400 余人，并代山东省武术协会发展会员 1 100 余人，颁发证书和证章。特别是 1986 年，山东省省长李昌安，国家武协主席徐才，全国政协委员、著名武林高手海灯法师先后来梁山视察“水泊武馆”和群众性武术活动，使梁山武术协会进一步明确协会的宗旨和任务，建立健全了例会和定期组织大型武术比赛活动等制度；积极贯彻执行党和国家的武术工作方针、政策，执行上级协会章程及工作条例，广泛团结各位老拳师、教练员和所有武术爱好者。梁山武术协会积极挖掘整理梁山武术拳种、拳派的优秀传统项目，本着社会兴办武术事业的精神，深入宣传，充分调动社会各方面的积极性，为提高梁山武术技术水平，服务于两个文明建设，开展了卓有成效的工作，做出了积极的贡献。

“全国体育先进县”达标活动的开展和中华武术“四大门派”会聚梁山，吹响了传统梁山武术向世界现代武术冲刺的进军号。为使梁山尽快达到全国体育先进县标准，在广泛深入开展群众体育、武术活动的基础上，县教育、体育部门从提高学生基本素质入手，联合发出各级各类学校普遍开设武术课的通知，使学生劳逸结合、课内课外结合，不仅丰富了学生的第二课堂，而且大大激发了青少年习武的热情。武术馆校和太极拳辅导站等应运而生，同时开设了文化课，较好地解决了“练武不能学文，学文不能习武”的问题，为梁山武术的腾飞夯实了根基。特别是中国梁山第二届国际水浒文化节中华武术“四大门派”邀请赛，少林、武当、峨眉、梁山四大门派的武术精英会聚梁山，同场献艺，互相切磋，这在中华武术史上还是第一次。如果说800多年前一百零八将聚义梁山，因《水浒传》而使水泊梁山驰名中外的话，那么20世纪90年代中叶的这次“四大门派”精英聚会水泊，则为传统梁山武术向世界先进水平快速发展，提供了一个千载难逢的良好契机。

作为全国首批命名的“武术之乡”，梁山武术文化底蕴丰富。梁山功夫种类繁多，技艺高超，博大精深，汲取当年梁山众好汉的功夫之长，形成了自己独特的技术风格特点和武术文化特色，如武松拳、林冲枪、李逵斧、杨志刀、燕青拳、梅花拳、子午门功大等拳功的规范套路。目前梁山县拥有子午门、少林拳、太极拳、洪拳等百余种武术门类，武术馆校20余所，近十万人经常参加习武健身活动。梁山县多次承办“中日擂台赛”“中泰对抗赛”“‘武林风’走进水泊梁山”“功夫王走进水泊梁山”“全国子午门少林民间武术争霸赛”等一系列精彩赛事，为海内外的观众献上了一台台视觉盛宴。历史悠久的传统尚武之风，造就了水泊梁山流派林立、风格独具的武林特色，梁山武术已成为水浒文化旅游中一道亮丽的风景线。

二、梁山武术的文化内涵

梁山武术是指在八百里水泊梁山这一特定齐鲁文化和水浒文化环境中历史形成的，以忠、义、礼、信、仁信仰为基础，体现个性张扬的梁山好汉情怀与气派，并以好汉武功遗韵、梁山土著拳械与外来拳种三位一体、相互融通为主要表现形式的一种传统文化形态。梁山武术的普及性，成为它有别于其他拳种门派的一大特色。梁山武术崇尚忠义诚信、礼仪仁爱、仗义疏财、乐善好施，因而武者在习武的同时能够陶冶情操、修身养性、倡树美德。梁山武术具有完整的技术与理论体系，它以武术技艺为外在表现形式，而以忠、义、礼、信、仁信仰，江湖情结和游侠智慧为文化内涵。

梁山水浒文化旅游区被山东省委、省政府列为着力打造的四大旅游区之一，梁山作为水浒故事真实的附着地与以孔子为代表的儒家文化发源地曲阜形成了济宁市委、市政府所规划的“东文西武”的旅游格局。

三、梁山武术拳械内容

（一）梁山武术内容体系

百年来，历经数代拳师精心修炼，梁山已形成拥有十大拳种门派、72 梁山好汉拳械和 36 土著拳术套路的武术体系。梁山拳功现在较普遍流行的有燕青拳、子午门功夫、少林拳、梅花拳、佛汉拳、洪拳、二郎拳、猴拳、醉拳、番子拳、水浒拳、天罡拳、太极拳等。

梁山武术十大拳种门派有：梁山梅花拳、梁山子午门功夫、梁山秘踪拳、梁山少林拳、梁山洪拳、黄氏二郎拳、二门洪拳、三晃膀大洪拳、佛汉拳、掌洪拳。

梁山好汉拳械套路有林冲六合大枪、李逵板斧、武松醉拳、智深禅杖、董平连环双枪、关胜大刀、解珍三齿钢叉等。

梁山土著武术套路有飞檐走壁功、硬气功、九节鞭、双鞭、绳镖等。器械有梅花桩、风火轮、五虎锛、流星锤、提戟、凤拐、镰剑等兵器。

（二）梁山武术代表

1. 子午门功夫

所谓子午门功夫，一是好汉们在每天的子、午两个时辰练功，二是此功法练先天之身躯，补后天之精华，练后天之精华，补先天之不足，二者相辅相成。先天为阴，后天为阳；阴为子，阳为午，功夫练到一定程度后，练功时身上就会出现一股热流和一股冷流，热流称为火候，冷流称为“精华之泉”，也就达到了人们通常所说的出神入化、炉火纯青的境界。武术界形容此功法厉害，也把子说为生，午说为死，寓意出拳抬腿即可决定对方生死，故名“子午门功夫”。

子午门功夫包括内功、硬功、轻功、徒手、对练及各种兵器，有子午拳、子午游身八卦桩、武松拳、戳脚连环腿等近百个拳种，宋江追魂刀、公孙胜八卦剑、林冲六合大枪、阮小七拐子等七十多个器械套路，断魂掌、子午洗髓经、子午易筋经、飞檐走壁功、大力阴阳功等三十多套内功功法。

子午门功夫作为一种文化积淀，集健身性、观赏性、技击性、养生性于一体，渗透了民族气质、融入了世界文化诸多因素，特别是受齐鲁文化和道家思想的熏陶、滋养，形成了独特的技术风格和文化特色，带有鲜明的梁山地方特点和民间武术流派的特征，是水泊梁山众好汉及历代掌门传人集体智慧的结晶，是齐鲁文化的再现，是中华民族智慧的体现，是世界武术之瑰宝。但对于中国传统文化来讲，子午门功夫又是一个封闭的系统，功夫一向为单传、秘传，历史上留下的文字资料几近空白。挖掘整理子午门功夫这一宝贵的历史财富，不仅可填补中华武术发展史上的空白，对丰富齐鲁文化亦有着重大的意义和深远的影响。

受特殊历史原因的影响，这一古老拳种的传承、发展、推广都陷入了困境。子午门功夫发源地建福寺、梁山，只余遗址，目前系统习练子午门功夫的人越来越少，使这一具有齐鲁文化特色的武术流派濒临灭绝。

为保护这一优秀传统文化，子午门功夫第二十一世掌门人宋义祥先生于1989年至今先后在梁山创办了武术学校、成立了“子午门功夫研究会”并任会长、创办了“梁山功夫研究院”任院长兼总教练来传播子午门功夫，并出版了大量子午门功夫的教学书籍、光盘，发表武术功法及论文共百余篇。

2009年，子午门功夫入选山东省第二批省级非物质文化遗产名录。

2. 燕青拳

燕青拳是梁山好汉留传下来的宝贵文化遗产，在水泊梁山广泛流传，其第十五代掌门人刘洪元是清末民初梁山有名的武林高手，有一次他在丁堂村与人角斗，长枪扎在肚子上竟然安然无恙，至今传为佳话。燕青拳又称秘踪拳，一说此拳起源于唐末，传至宋代时由梁山好汉玉麒麟卢俊义发展而成。卢俊义收燕青为徒，并同上梁山泊。卢俊义隐退后，燕青广泛传授此功，故名燕青拳；另一说，燕青的门徒虽然敬佩老师的武艺，但因其投奔梁山泊，故隐燕青之名，称为秘踪拳；又一说，燕青被官兵追逼到梁山时，雪上未留足迹，致使官兵迷路，故又称迷踪艺。燕青拳传到清代的孙通，先师从兖州张某学拳，后游历四方，晚年隐居河北沧州教拳。在沧州以陈善为首的一派称为秘踪拳；由沧州遗流到静海县霍家，称之为迷踪艺，子孙代代相传，后出名家霍元甲，迷踪艺遂声名大振。

燕青拳动作轻灵敏捷，灵活多变，讲究腰腿功，脚下厚实，功架端正，发力充足。此外，眼神和腿法的配合独具风格，眼神集中一点，兼顾八方，眼助身法、气力；腿法要求劲足力满，干净利落。各种套路大多由各种手型、步型、腿法、平衡、跳跃等50多个动作组成。其技法：上肢有甩、拍、滚、搒等；下肢有跳、截、挂、缠等；配合以靠、闪、定、缩等身法，组成击技较强的攻防技术。其步法强调插裆套步，闪展腾挪，蹿蹦跳跃。

燕青拳内容极其丰富，有徒手（秘踪拳、三步架等）、器械（青龙剑、明堂刀、五虎断门枪、春秋大刀等）、对练、硬功（铁裆、铁沙拳、铁顶）、医疗保健功（主要以防治疾病、延年益寿为目的）。中华人民共和国成立后，燕青拳被列为全国武术表演和比赛项目。

3. 梅花拳

梅花拳简称梅拳或花拳，始创于春秋战国时期。传统梅花拳是我国最古老的拳种之一，迄今已有 3 000 多年的历史。梅花拳古称梅花桩，因在百余根桩阵上锻炼武功而得名，是我国比较古老的拳种之一。其拳套路、器械多在地面练习，注重实战击技，讲究胆、力、技的训练。明末清初起，外地拳种相继传入梁山，其中最具代表性的梅花拳与梁山地方武功遗韵相融合，形成独具特色的梁山梅花拳。梅花拳第九代祖师王法胜，于乾隆年间（公元 1738 年）遵师训至梁山马振扬村，传授梅花拳文理武功，并纳地方武韵遗风为己用，潜心研讨，具有鲜明地域特色的梁山梅花拳开始形成。其间，他立坛场传授梅花拳文武大法，又授技于王秉虎、王秉金、王举贤等王氏族人，从此声名远播。现代主要代表人物有梁山武协副主席老拳师冯天民，委员宋升祥、侯先存、姜德法，会员王清文、王保德、王保柱等。习梅花拳者主要分布在梁山前集乡的马振扬、张垓，梁山镇的后集、马庄、郝山头等，后孙庄乡的姜庄，寿张集的孙庄、徐楼，馆里乡的大候、荣那里，小安山乡的西唐、宋庄以及代庙乡的董那里、新华、杨岱等。

2009 年，梅花拳入选山东省第二批省级非物质文化遗产名录。

4. 洪拳

洪拳分为大洪拳（又名太祖拳）、中洪拳、小洪拳、掌洪拳。据传为宋太祖赵匡胤所创，该拳讲究刚、猛、紧、稳、小五个字。主要流传于馆里乡的东李庄、刘先庄、胡台庙，杨营乡的王连坡，马营乡的辛兴屯，后孙庄乡的丁堂、孙庄、盛庄，前集乡的前集、马庙、郑垓，梁山镇的任庄、张坊、凤山，开河乡的开河，还有徐集、小安山、王府集、李官屯、韩垓等乡镇的一些村庄。现代主要代表人物有：梁山武协副主席、老拳师王俊山、李象山、邓福存及郑如科、任有领、孙克胜、肖文福、黄怀银、韩锋、曹务才等。

5. 少林拳

少林拳主要流传在梁山大寨、开河、代庙等乡镇。现代代表人物为老拳师段道坤、勒玉珍（县武协副主席）、宋广生、徐英第等。

6. 二郎拳

二郎拳系梁山好汉武松所创，分三节、六段、一百零八式，是比较稀少的拳种套路。二郎拳风格独特，别具一格，动静结合，刚健有力，手脚并用，利于实战。此拳技击风格可概括为六个字：接、缠、进、拦、切、拿，适合于被围之中，展天打四面八方，小则拳打卧牛之地。演练起来，要手如流星、眼如电、腰如蛇、腿如钻，也就是行如风，站如钉，重如泰山，轻如鸿毛，外猛内静，机动灵活。此拳主要流行于郓陈、李官屯、梁山镇等乡镇的一些村庄。

7. 佛汉拳

佛汉拳是两人对练套路。其二十四路对打捶，分上、中、下三盘，演练起来不顶不丢，刚柔相济，随势而化，遇机而进，攻防合理，结构严谨，美观大方。此拳主要流行在杨营、小路口、黑虎庙、梁山镇等乡镇的一些村庄。

单元三　省级非物质文化遗产——文圣拳

一、文圣拳的起源与发展

汶上南旺镇流传着一种古老而稀有的拳法——“文圣拳”。文圣拳又称五步架、杜家拳、神拳、长寿拳，是一种古老的传统拳术。据相关史料记载，文圣拳起源于唐朝末年，是由宋太祖赵匡胤所习的老洪拳发展而来的。赵匡胤后代将赵匡胤所习的老洪拳和文功静坐法相结合，经多代门人精钻细研后逐渐形成今天的“文圣拳”。“文”字取意于文功静坐之法，“圣”字显其拳理之高深。文圣拳源远流长、内容丰富、自成体系、普及面广泛，是优秀的民族传统文化，堪称中华武林的一朵奇葩。

先师刘奉天（1617—1689）宗师，自幼研习家传导引术，后经高人指点，修行道家内功，造诣极深，后定居山东单县，著有《八卦八书歌》。在他的徒弟中有八位比较著名，其中部云龙精通祖传宋太祖三十二式长拳、六合大枪和跃步奇枪。刘与部师徒二人共同研创了“文圣功”，又称“五步架”，又传给乾隆年间河北冠县杨四海。后经杜宏信（嘉祥县人）发展的文圣功（文圣拳前身），享誉河北、河南、山西、山东一带。

1982 年国家武术挖掘中，文圣功被济宁汶上县宋庄村武术大师宋传平与儿子宋如一取武中文功、武以文成之意更名为文圣拳。宋传平全面继承了文圣拳的文功和武功，被现在传人尊为“文圣拳宗师”。1984 年，宋传平祖孙三人参加了山东省武术挖掘整理表演大会，其系统功法和精湛技艺得到各级专家的充分肯定。同年，国家体委挖掘整理领导小组将文圣拳列为国家重点挖掘整理项目，宋传平祖孙三人也被作为文圣拳主要传人载入人民体育出版社编辑的《中国武术人名辞典》。1986 年，年届 94 岁高龄的宋传平和孙子宋连洪参加了全国武术观摩交流大会，同获“雄师”奖。2009 年，文圣拳被山东省政府列为省级非物质文化遗产保护项目。

二、文圣拳的内容体系与风格

文圣拳分武功、文功两部分，文武两功相辅相成。文功主要是调息、入静、养气、练意，为功法拳法之根本。武功主要是一路架、二路架、三路托打、六合大枪、绝命枪、文圣战剑、九路文圣大刀。动作中讲究阴阳变化，刚柔并济，伸筋拔骨，以意引气，以气催力，气到力到，意气力结合。一路架是文圣拳法基本功，其功法按照人体阴阳五行相生理论，以练气为主训练四肢根节，内练五行之气相互生化，外练皮肉筋肉之气以抵御外邪。它是由外到内、由表及里，强化训练各神经系统、血液循环系统、消化泌尿系统、经络运行系统，起到练气、增力、防病、去病、强健体魄作用，科学的动作及锻炼价值是现代其他锻炼项目和套路难以与其相提并论的。

文圣拳风格迥异、特点鲜明：方法上讲究粘、沾、连、挤、推、托、靠、钻等；强调内外兼修，突出健身养生功用的同时又具有极强的技击威力；拳式造型古朴，动作稳健，以气发力，刚柔并济。文圣拳意理深奥、动作简单，却难学、难懂，学练规律为“一年二年是行家，三年四年是篱笆，五年六年不会练”。

单元四　县市级非物质文化遗产——圣地查拳

查拳是在回族中流传较广的中国传统拳术长拳的五大流派之一，起源于山东省。圣地李氏查拳是全国查拳三大主流派之一，与冠县“张氏”查拳和“杨氏”查拳齐名。查拳有着极其丰富的理论和技术内容，有着独特的演练风格，被武术界誉为“长拳之母”，为我国近年来竞技武术的发展做出了巨大贡献。它历史源远流长，由明代始创，经过数百年的繁衍、发展、演变，技艺不断得到充实与提高，逐步形成独具一格的完整体系。它以练习站桩、捣捶、弹腿开始入门，以套路求法，散手求真，循序渐进，求艺求形的技艺特色，吸引习武者逐渐进入求真的练功境界；以习艺尚德，学拳明理，艺德并举，开拓思维，启发悟性的查拳思想和独特的风格，深受广大武术爱好者的喜爱。研究和挖掘传统查拳文化，对于研究民族文化和民间武术的发展与变迁，具有重要的人文和学术价值。

圣地查拳，是由查拳名家、李氏查拳传承人宗锡元，在继承和发展李氏查拳的基础上，去除糟粕，取其精华而形成。因宗锡元和李氏查拳起源于圣地，所以称之为圣地查拳。

一、圣地查拳渊源

圣地查拳始于明洪武二十七年（1394 年），与山东冠县张其维为代表的“张氏”查拳、杨鸿修为代表的“杨氏”查拳，没有任何的“血缘”和“师徒”关系。它是在“李家拳”基础上自成体系，形成了独树一帜的李式查拳。圣地查拳是由回族李氏查拳代表人李恩聚祖人李德威从长安随军迁居山东，定居任城白家洼，传至山东任城这个圣贤辈出的地方。据《李氏族谱·郡望堂》记载，李德威为明五军都督府右军都督。李家自定居任城后，所传播的武艺为“李家拳”（现圣地李氏查拳雏形），此后“李家拳”在任城周边广为流传，至今已有 600 多年的发展历史。

二、圣地查拳传承人

李天正（1522—1590），字锦天，号大维，回族，山东任城人。李氏第四世祖人，生于明嘉靖年间，明洪武右军都督李德威之重孙，幼年随爷爷李品斋、父亲李树嘉习武，秉承家传武艺“李家拳”，精弹腿、腿套诸技。嘉靖二十三年（1544 年），武功大成，因擅长腿法，在周边地区鲜有对手，人送绰号“李半天”。嘉靖三十二年（1553 年）夏天，随戚继光充军，镇守山东登州一带，并任戚军武艺教头。1590 年秋，谢世归真于任城白家洼，享年 68 岁。他创编了截手拳、鹅掌式、行手掌、截手剑、截手刀等套路，丰富了“李家拳”的体系内容，为李家拳重要传承人。

李汝峰（1739—1810），字秋剑，回族，山东任城人，李氏第十六世祖人，生于武术世家，幼年随父亲李寿山习武，秉承祖传查拳，为李氏查拳第十五代传人。

李琪瑞（1761—1846），回族，李氏第十七世祖人，生于武术世家。幼年随父辈习武，秉承家传，习练李氏查拳及刀、枪、棍、棒。清乾隆四十九年（1784 年），为朝中护卫。他潜心研究《拳经》，丰富了李氏查拳体系内容，为李氏查拳主要传承人。

李保太（1798—1873），幼年随父亲李琪瑞习武，秉承家传查拳，精刀、枪、棍、剑及对打套路，创编了“六路仙传母子捶”，为李氏查拳第十八代传承人。

李振基（1834—1909），字树嘉，幼年随父亲李保太习武，精通祖传查拳。1859 年入朝为官，在抗击英法联军时被册封为粮草先锋官。1909 年秋因病谢世归真，为李氏第十九代传人，授徒有马凤山、金伍等人。

李恩聚（1857—1932），字会亭，回族，生于咸丰九年（1857 年）八月十二日，山东任城人，李氏第二十代传人，出身武术世家，幼年随父李振基习武，继承祖传查拳技艺，精于技击，为李氏查拳代表人（图 3）。

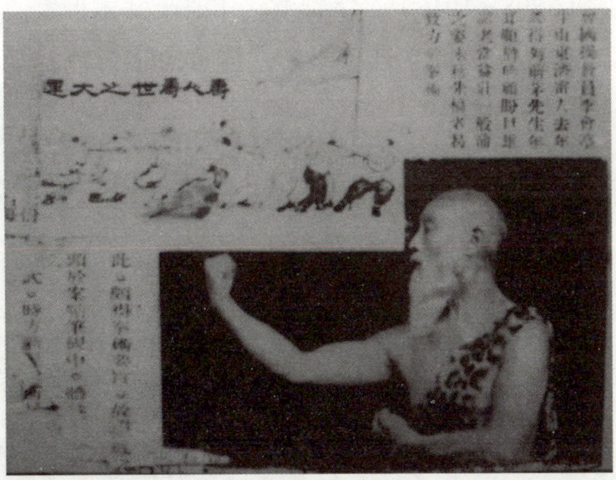

图 2–3

清光绪三年（1877 年），20 岁的李恩聚以精湛的武功，被河标营录为营官，管理军要事务，因不满清政府腐败辞官。后离家出外寻师访友，增进武艺。光绪十五年(1889 年)，在任城开设第一家“锦源公永顺镖局”，随后与师弟马凤山在台儿庄设分局。后因时局动荡不安关闭镖局。1891—1909 年，闯荡江湖。18 年中，以卖艺为生，以武会友，广交武林豪杰。

1909 年，时年 52 岁的李恩聚，应霍元甲之聘前往上海精武体育会任国术教员。1920 年，曾任广州佛山精武分会主教并管理该会事务。曾在 1924 年、1928 年、1929 年的全国国术擂台赛和表演赛中获奖。1932 年四月初三，谢世归真于济宁白家洼，享年 75 岁。

受家风影响，李恩聚一生执教严谨，除在精武体育会传授武术技艺外，收徒极少，任城沙荣民、蔡桂勤，其子女李龙彪、李凤彪，侄儿李瑞彪为李氏查拳主要传人。

沙荣民，1884 年生于任城，回族。沙荣民从小爱武好侠，8 岁师从任城李氏查拳李恩聚研习查拳。由于沙荣民天资聪颖，勤奋好学，不怕吃苦，深得师父喜爱，李恩聚将祖传查拳及所有武功全部传授给沙荣民。沙荣民为任城李氏查拳主要传人，后人称之为“武圣人”“沙四爷”，卒年不详。

李瑞彪（1895—1946），字锦堂，出身于武术世家，自幼随伯父李恩聚习武，后随伯父进上海精武体育会学习，为李氏查拳传人。在伯父的精心调教下，武成后留精武体育会任教。后总会将其派往新加坡精武分会任教，使李氏查拳远传海外。1946 年，因病谢世于任城，终年 51 岁。

李龙彪（1903—1989），字凤池，幼年随父亲李恩聚习练祖传武技，为李氏查拳主要传承人（图 2-4）。

图 2-4

1913 年随父进上海精武体育会，从师吴鉴泉习吴式太极拳，兼学精武体育会所授武术科目。16 岁获精武体育会高级毕业证书。1921 年任精武会教习。1931—1935 年受总会委托赴广州精武分会任教。1937 年，日本全面侵华战争爆发后，他参加群众组织的义勇军，北上支持马占山将军抗日，曾任国民革命军独立五旅武术教官。1947 年，回上海精武总会任教。中华人民共和国成立后，任上海武术联谊会执行委员、全国第一届运动会武术裁判员。1962 年回任城，1982 年任济宁市武术协会副主席。1986 年，被聘为山东省文史馆馆员。1989 年 2 月，病逝于济宁，终年 86 岁。授徒有刘东海、闫成民、儿子李常友等人。

李凤彪（1911—2011），李恩聚之女，自幼随父亲习李氏查拳。8 岁进上海精武体育会习武，武成后留精武总会，曾任上海精武体育会女子班教员。为李氏查拳传人，下传儿子刘元。2011 年谢世，享年百岁。

刘东海（1927—2003），回族，出生于山东济宁。李氏查拳主要传承人，著名武术家（图 2–5）。

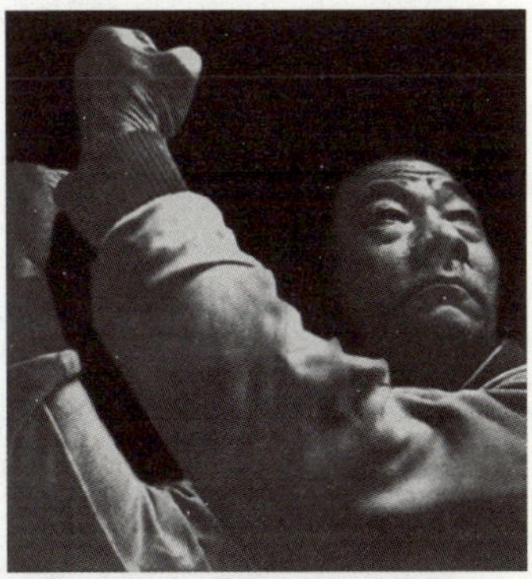

图 2–5

1936 年，师从查拳名家沙荣民习查拳，后又师承武术名家李龙彪先生研究李氏查拳。中华人民共和国成立后，曾多次参加全国及山东省武术比赛并获奖。1984 年，参加在兰州举行的全国武术观摩交流比赛大会，获得查拳金牌。1985 年，参加山东省体委组织的全国武术挖掘工作和《查拳》一书的编写工作。曾任济宁市武术协会委员、济宁市聋哑人协会副主席。2003 年病故，享年 76 岁。

宗锡元，汉族，1963 年生于济宁微山。八岁师从著名拳师郑崇亮习大洪拳。1975 年，师从著名武术家、查拳一代宗师刘东海先生习研李氏查拳。曾多次参加国际、全国及山东省武术比赛并获奖。1988 年至今从事武术教学工作，培养了一大批武术专业人才。1995

年至今，历任济宁市、山东省武术比赛裁判员、裁判长、总裁判长，山东省武术中段位考评员等职。2009 年任全国第六届武术功力大赛裁判员，2012 年任上海第十一届武术博览会武术比赛裁判员，2015 年任中国武术段位制 · 国家考试大赛考评员。现为中国武术协会会员、中国武术七段；山东省武术协会常委、山东省传统武术委员会委员；国家武术一级裁判员、山东省传统武术一级裁判；国家级社会体育指导员；中国武术段位制考评员、指导员。

图 2–6 为 2009 年宗锡元与李恩聚之女李凤彪在上海精武体育会交流查拳。

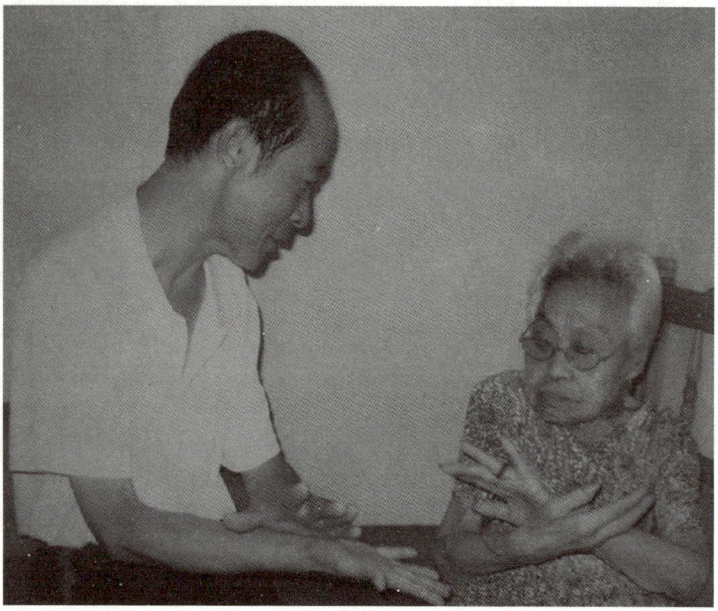

图 2–6

项目三
武术基本功

单元一　基本功法

一、手型

（一）拳

各部位名称：拳眼、拳心、拳面、拳背、拳轮（图 3–1）。

动作说明：五指卷紧，拇指压于食指、中指第二指节上。

要点：拳握紧、拳面平、直腕。

易犯错误：拳面不平、屈腕。

纠正方法：讲解拳的攻防作用。

教法提示：先示范与讲解拳的规格、要求，再采用手型变换练习。

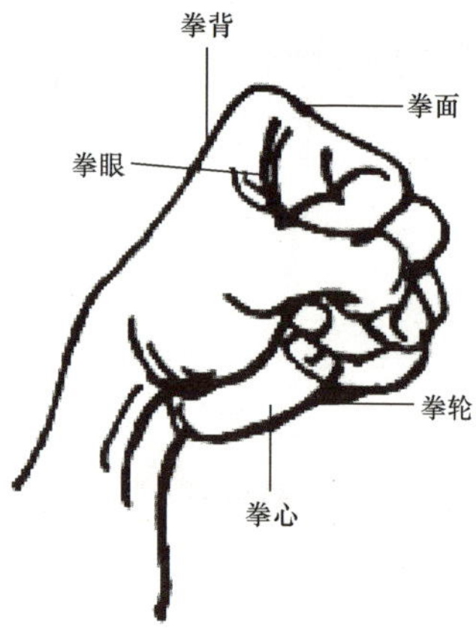

图 3–1

（二）掌

各部位名称：掌心、掌背、掌指、掌根、掌外沿（图 3–2）。

动作说明：四指伸直并拢，拇指弯曲紧扣于虎口处。

要点：掌心开展、竖指。

易犯错误：松指、掌背外凸。

纠正方法：讲解掌的攻防作用。

教法提示：同拳。

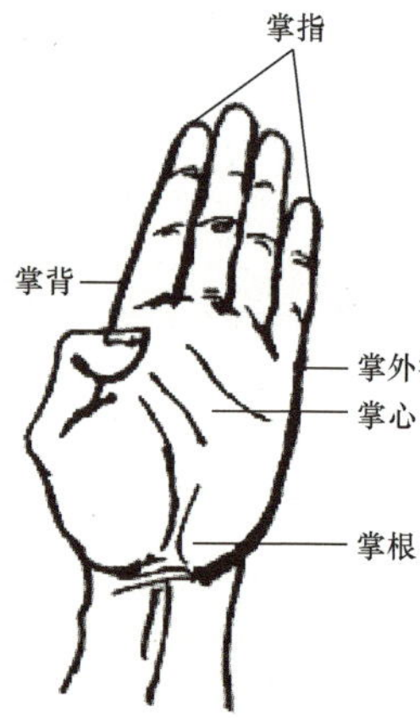

图 3–2

（三）勾

各部位名称：勾尖、勾顶（图3-3）。

动作说明：五指撮拢成勾，屈腕。

要点：屈腕。

易犯错误：松指，腕没有扣紧。

纠正方法：讲解勾的攻防作用。

教法提示：同拳。

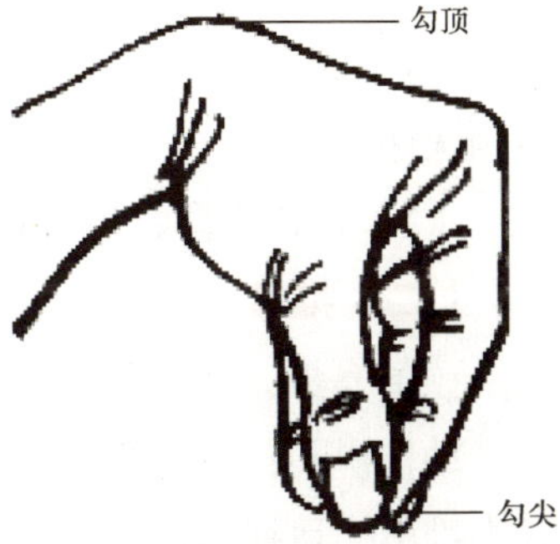

图 3-3

二、手法

（一）冲拳

预备姿势：两脚左右开立，两拳抱于腰间，拳心朝上。

动作说明：右拳从腰间旋臂向前猛力冲出，力达拳面，目视前方（图3-4）。

要点：挺胸、收腹、直腰、出拳快速有力，做好拧腰、顺肩、急旋前臂的动作。

图 3-4

易犯错误和纠正方法：

（1）冲拳无力。纠正方法：强调拧腰、顺肩、急旋臂、动作快速。

（2）冲拳力点不准。纠正方法：击靶练习。

（3）拳面不平、屈腕。纠正方法：讲解拳在攻防中的作用及受力分析。

（4）拳从肩前冲出。纠正方法：强调肘贴肋运行，使拳内旋冲出。

教法提示：

（1）先慢做，不要用全力，注意动作的准确性，然后再逐步过渡到快速有力。

（2）结合步型、步法做冲拳练习。

（二）推掌

预备姿势：同冲拳。

动作说明：右拳变掌，以掌外沿为力向前猛力推出，目视前方（图 3–5）。

要点：同冲拳，注意沉腕、翘掌、力达掌外沿。

易犯错误与纠正方法：同冲拳。

教法提示：同冲拳。

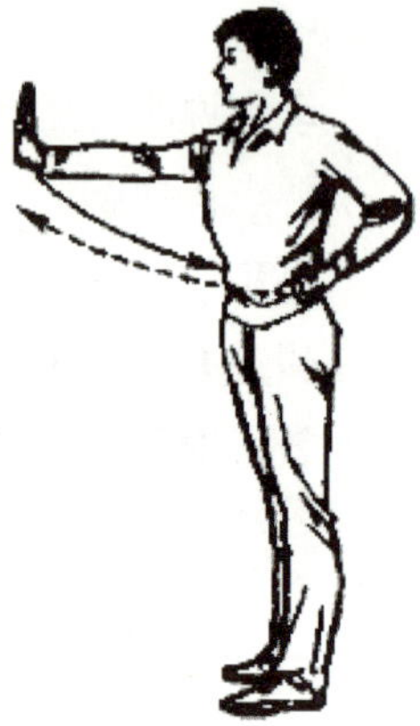

图 3–5

三、压肩

预备姿势：开步站立。

动作说明：两手抓握肋木，上体前俯并做下振压肩动作。也可以两人面对面站立，互相扶按肩部，做体前屈的振动压肩动作；也可由助手协助做搬压肩部的练习（图 3–6）。

图 3–6

要点：挺胸、塌腰，臂、腿伸直，振幅逐步加大，压点集中于肩部，增加外力时由小到大。

易犯错误：压肩幅度小、拉不开。

纠正方法：先调整人与肋木的距离，压肩时应挺胸，塌腰，臂腿伸直，肩带肌放松，压点集中于肩部。

教法提示：压肩时振幅应逐渐加大，增加助力时由小到大。

四、臂绕环

（一）单臂绕环

预备姿势：成左弓步站立，左手按于左大腿上，右臂上举。

动作说明：右臂由后向前绕环一周为后绕环（图 3–7）。

要点：臂伸直、肩放松、划立圆，逐渐加速。

易犯错误：绕环时，臂没有划立圆，动作僵硬不圆活。

纠正方法：做动作时，肩部放松，臂伸直，腰要协调配合。

教法提示：先压肩。绕环时，速度由慢到快。

图 3–7

（二）双臂绕环

预备姿势：开步站立，右臂上举。

动作说明：左臂前绕环，右臂后绕环（图 3–8）。

要点、易犯错误、纠正方法、教法提示同单臂绕环。

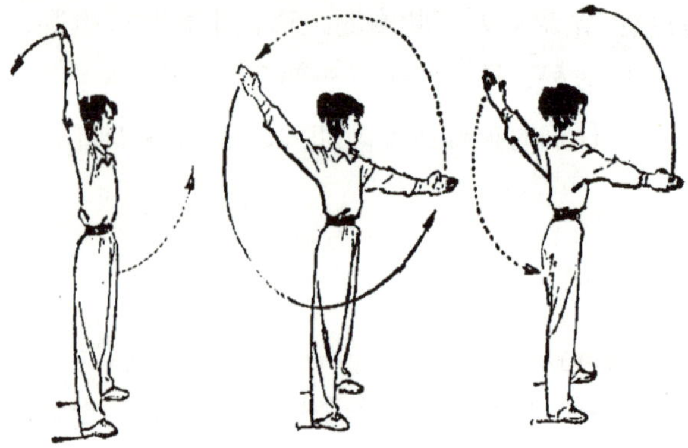

图 3-8

五、抡拍

预备姿势：开步站立。

动作说明：成左弓步，同时右掌向前下方伸出，左掌心朝里，插于右肘关节处；上动不停，成右弓步，同时右臂抡至右上方，左掌下落至左下方；随即，上体右后转，同时右臂抡至后下方，左臂抡至前上方；既而，上体左转成右仆步，同时右臂划弧至右腿内侧拍地，左臂停于左上方；目随右手（图 3-9）。

图 3-9

要点：上抡贴近耳，下抡贴近腿。

易犯错误：两臂抡动不顺，上不能贴近耳，下不能贴近腿。

纠正方法：强调松肩，抡臂成立圆。抡臂与重心转换要协调配合。

教法提示：由慢到快做抡臂练习，然后逐步过渡到完整的抡拍练习。

六、步型

（一）弓步

动作说明：前脚微内扣，全脚掌着地，屈膝半蹲，大腿成水平，膝部约与脚面垂直；另一腿挺膝伸直，脚尖里扣斜向前方，全脚掌着地，上体正对前方，两手抱拳于腰间（图 3-10）。

图 3-10

要点：挺胸，立腰；前腿弓、后腿绷。

易犯错误和纠正方法：

（1）后脚拔跟或外掀脚掌。纠正方法：强调脚跟蹬地。

（2）后腿屈膝。纠正方法：强调挺膝后蹬。

（3）上体前倾。纠正方法：强调沉髋。

教法提示：结合手法做原地或行进间左右弓步，交替练习。

（二）马步

动作说明：两脚左右开立为脚长三四倍，脚尖正对前方，屈膝半蹲，大腿成水平，眼看前方，两手抱拳于腰间（图 3-11）。

图 3-11

要点：头正、挺胸、立腰、扣足。

易犯错误和纠正方法：

（1）脚尖外撇。纠正方法：强调脚跟外蹬。

（2）两脚距离过大或太小。纠正方法：量出三脚距离后，再下蹲成马步。

（3）弯腰跪膝。纠正方法：强调挺胸、立腰后再下蹲，膝盖不得超过脚尖。

教法提示：原地做马步与弓步的转换练习，或结合手法进行练习。

（三）虚步

动作说明：后脚尖斜向前，屈膝半蹲，大腿接近水平，全脚掌着地；前腿微屈，脚面绷紧，脚尖虚点地面（图3-12）。

图 3-12

要点：挺胸、立腰、虚实分明。

易犯错误和纠正方法：

（1）虚实不清。纠正方法：等支撑腿下蹲后，前脚尖再着地。

（2）支撑腿蹲不下去。纠正方法：脚尖外展，多做腿部练习。

教法提示：先做高姿势练习，再结合手法做正确动作。

（四）仆步

动作说明：一腿全蹲，大腿和小腿靠紧，臀部接近小腿，全脚掌着地，膝与脚尖稍外展；另一腿平铺接近地面，全脚掌着地，脚尖内扣（图3-13）。

图 3-13

要点：挺胸、立腰、开髋，全脚掌着地。

易犯错误和纠正方法：

（1）平铺腿不直，脚外侧掀起，脚尖上翘外展。纠正方法：平铺腿的脚外侧抵住固定物，使之正确。

（2）全蹲腿未蹲到底，脚跟提起。纠正方法：增加踝关节柔韧性，强调腿平铺时沉髋、拧腰。

（3）上体前倾。纠正方法：挺胸、立腰后再下蹲。

教法提示：

（1）先把姿势放高一些，再做正确动作。

（2）结合手法练习。

（五）歇步

动作说明：两腿交叉屈膝全蹲，前脚全脚掌着地，脚尖外展；后脚跟离地，臀部外侧紧贴后小腿（图 3–14）。

图 3–14

要点：挺胸、立腰、两腿贴紧。

易犯错误和纠正方法：

（1）两腿贴不紧，后腿膝跪地。纠正方法：强调后腿膝关节穿过前膝腘窝。

（2）动作不稳。纠正方法：前脚尖充分外展、立腰、两腿贴紧。

教法提示：同虚步。

（六）丁步

动作说明：两腿半蹲并拢，一脚全脚掌着地支撑；另一脚停在支撑脚内侧相靠，脚尖点地（图 3–15）。

要点、易犯错误、纠正方法、教法提示同虚步。

图 3–15

七、腿法

（一）压腿

1. 正压腿

预备姿势：并步站立。

动作说明：左脚跟搁在肋木上，脚尖勾紧，上体向前下做振压动作（图 3–16）。

要点：直体向下振压，压至疼痛时，进行耗腿练习。

易犯错误和纠正方法：

（1）两腿不直。纠正方法：强调收胯、正髋，也可用手下压膝部。

（2）上体不正。纠正方法：挺胸、立腰，被压腿异侧的肩、胸部前俯，双手抱住被压腿脚掌。

图 3-16

教法提示：

（1）集体压腿时，统一口令进行。压至疼痛时可停住不动。

（2）压腿前先把肌肉和关节活动开，压腿后把被压腿屈膝抱在胸前，然后松开。可与控腿、搬腿、踢腿和摆腿练习交替进行。

2. 侧压腿

预备姿势：同正压腿，唯侧对。

动作说明：左脚跟搁在肋木上，脚尖勾紧，右臂上举，左掌附于右胸前，上体向左侧压振（图 3-17）。

要点：立腰、展髋，直体向侧下压振。

图 3-17

易犯错误与纠正方法：

（1）同正压腿（1）。

（2）上体侧振时前屈。纠正方法：支撑腿脚尖外展，被压腿一侧髋尽量前送，向里掖左肩，右臂上举并向头后伸展。

教法提示：同正压腿。

3. 后压腿

预备姿势：同正压腿，唯背对。

动作说明：左脚背搁在肋木上，脚面绷直。上体后屈并做振压动作（图 3-18）。

要点：挺胸，展髋，腰后屈。

易犯错误：两腿不直。

纠正方法：挺膝或同伴用手顶其被压腿膝部，另一手协助其上体后振。

教法提示：同正压腿。

4. 仆步压腿

预备姿势：开步站立。

动作说明：右腿全蹲，左腿挺膝伸直，脚尖内扣。两脚全脚掌着地，两手分别抓握两脚外侧（图 3-19）。

图 3-18

要点：挺胸、立腰、沉髋，臀部尽量贴近地面。

易犯错误：步幅太小，髋关节拉不开。纠正方法：逐步加大两脚距离。

教法提示：仆步振压时，不要太猛，以免拉伤韧带。仆步与弓步交换练习。

图 3-19

（二）劈腿

1. 竖叉

预备姿势：并步站立。

动作说明：两腿前后分开成直线。左腿后侧着地，脚尖勾起；右腿内侧或前侧着地（图 3-20）。

图 3-20

要点：挺胸、立腰、沉髋、挺膝。

易犯错误：两腿不成直线。

纠正方法：在地上划一直线。

教法提示：练习竖叉时，先做压腿、摆腿和踢腿等练习，以免韧带拉伤。

2. 横叉

预备姿势：并步站立。

动作说明：两腿左右分开成直线，腿内侧着地（图 3-21）。

图 3-21

要点、易犯错误、纠正动作、教法提示同竖叉。

（三）直摆性腿法

1. 正踢腿

预备姿势：并步站立，两臂侧平举。

动作说明：左脚上步直立，右腿挺膝，脚尖勾起向前额处猛踢；目向前平视（图 3-22）。

图 3-22

要点：挺胸、收腹、立腰。踢腿时，迅速收髋、收腹，脚尖勾起绷落，过腰后动作加快，要有寸劲。

易犯错误和纠正方法：

（1）俯身弯腰。纠正方法：收下颚、头上顶，直腰。

（2）拔跟或送髋。纠正方法：降低踢腿高度，腿上踢时收髋，支撑腿全脚掌着地。

（3）动作缓慢无力。纠正方法：按口令要求的速度踢。

教法提示：

（1）先练压腿，再练踢腿。

（2）先踢低腿，适当放慢速度，然后按要点练习。

（3）左、右交替的行进间踢腿。

2. 侧踢腿

预备姿势：同正踢腿。

动作说明：右脚上步，脚尖外展；左脚跟稍提起，身体略右转，两臂后举。随着左腿勾脚向左耳际踢起，右臂上举亮掌，左臂立于右肩前；目向前平视（图 3–23）。

图 3–23

要点：开髋、侧身、猛收腹。

易犯错误与纠正方法：

（1）同正踢腿（1）、（3）。

（2）侧身不够。

纠正方法：支撑腿外展，异侧肩朝前。

教法提示：同正踢腿。

3. 外摆腿

预备姿势：同正踢腿。

动作说明：右脚上步；左脚尖勾紧，向右侧上方踢起，经面前向左侧上方摆动，直腿落在右脚旁；目向前平视，可用掌在面前依次迎击脚面（图 3–24）。

图 3–24

要点：展髋，腿成扇形外摆，幅度要大。

易犯错误和纠正方法：

（1）同正踢腿（2）、（3）。

（2）外摆幅度不够。

纠正方法：外摆腿越过适当高度的障碍标志，体会外摆动作要求。

教法提示：同正踢腿的（1）~（3）。

4. 里合腿

预备姿势：同正踢腿。

动作说明：同外摆腿，唯由外向内合（图 3-25）。

除要求合髋，要点、易犯错误、纠正方法、教法提示同外摆腿。

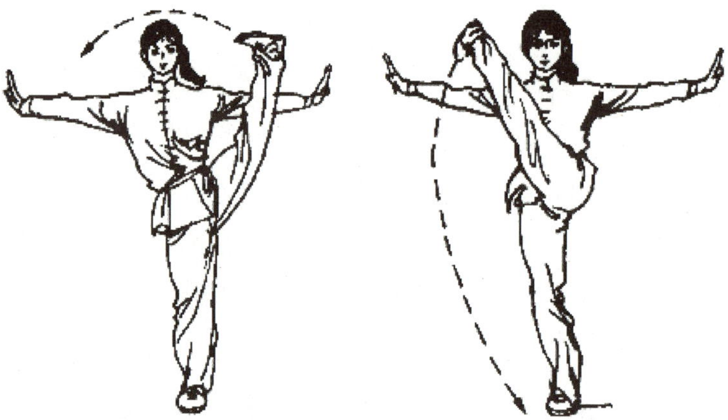

图 3-25

5. 拍脚

预备姿势：并步站立。

动作说明：左脚上步；右腿挺膝、绷脚面向上猛力踢摆。同时右拳变掌，于前上方迎击右脚面；目向前平视（图 3-26）。

要点：收腹、立腰。踢腿高度过胸，击拍脚面要准确、响亮。

易犯错误与纠正方法：

（1）同正踢腿（1）。

（2）击拍不响。

纠正方法：脚面绷平，手掌并紧。

教法提示：

（1）先练原地单腿的拍脚，再练行进间的左右腿交替拍脚。

（2）也可做用异侧手击拍脚面的“斜拍脚”练习。

图 3-26

（四）屈伸性腿法

1. 弹腿

预备姿势：同拍脚。

动作说明：支撑腿直立或稍屈，另一腿由屈到伸向前弹出。脚面绷平，力达脚尖（图 3-27）。

要点：收髋，弹击有寸劲，力达脚尖。

易犯错误和纠正方法：

（1）屈伸不明显，类似踢腿动作。纠正方法：强调收髋、屈膝后再弹出。

（2）力点不明显。纠正方法：强调猛挺膝、绷脚尖。

教法提示：

（1）逐渐增加弹腿高度。

（2）结合手法练习。

图 3-27

2. 蹬腿

图 3-28

预备姿势：同弹腿。

动作说明：同弹腿，唯脚尖勾起，力达脚跟（图 3-28）。

要点、易犯错误、纠正方法、教法提示同弹腿。

3. 侧踹腿

预备姿势：成插步。

动作说明：右腿伸直支撑；左腿由屈到伸，脚尖里扣，用脚掌猛力踹出，高与腰平，上体倾斜；目视左侧方（图 3-29）。

要点：挺膝、开髋、猛踹，脚外侧朝上、力达脚掌。

易犯错误和纠正方法：

（1）脚尖朝上、成侧蹬腿。纠正方法：强调侧踹腿内旋后再踹出。

（2）高度不够或收髋。纠正方法：上体倾斜；扶一定高度的物体，做侧踹腿练习。

教法提示：

（1）逐步提高踹腿高度。

（2）手扶一定高度的物体，做侧踹腿练习。

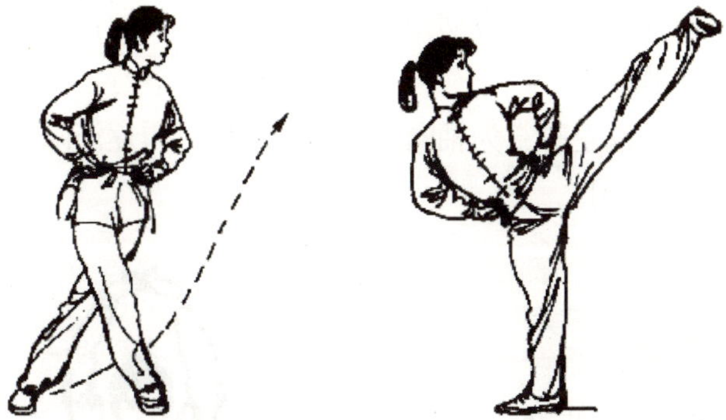

图 3-29

（五）扫转性腿法——伏地后扫腿

预备姿势：成左弓步，两掌向前推出。

动作说明：成右仆步，上体前俯，两掌撑地，左腿全蹲；右腿伸直，脚尖内扣，以左脚掌为轴贴地后扫一周（图 3-30）。

图 3-30

要点：转体、俯身、撑地、扫转要连贯协调，一气呵成。

易犯错误和纠正方法：

（1）向右转体、拧腰速度慢，以致旋转无力和腰腿动作脱节。

纠正方法：多做高姿势的快速甩头、拧腰、扫腿动作的练习，体会扫腿动作的用力方法和连贯的要求。

（2）手扶地的位置不对。

纠正方法：强调上体右转，两掌在右腿内侧撑地。

教法提示：

（1）先体会以拧腰带动扫腿的旋转要求，然后再逐步增加后扫腿的速度和力量。

（2）先做以左脚掌为轴向后旋转的练习，再逐渐降低重心，做完整的后扫腿练习。

八、前俯

预备姿势：并步站立，直臂上举。

动作说明：上体前俯、两掌心尽量贴地（图 3-31）。

要点：挺膝、挺胸；收髋、前折体。

易犯错误：膝部弯曲或含胸。

纠正方法：强调挺膝、挺胸、收髋，也可由同伴帮助前俯做振压练习。

教法提示：幅度逐渐加大，练习时间逐渐延长。

图 3-31

九、涮腰

预备姿势：开步站立。

动作说明：以髋关节为轴，上体前俯，两臂随之向左前方伸出，既而向右后绕环一周（图 3-32）。

要点：两脚抓地，两臂随着腰部动作放松绕动，尽量增大上体环绕幅度。

易犯错误：翻转、绕环幅度小。

纠正方法：强调两脚开立不要移动，随着腰部转动，上体、手臂尽量伸展，放松绕动以加大动作幅度。

教法提示：

（1）先做上体前、后、左、右侧屈的动作，然后再做涮腰。

（2）速度要由慢到快，次数逐渐增多，左右方向交替进行。

图 3-32

单元二　武术健身操

一、概述

武术健身操是根据武术训练的入门组合“五步拳”编写而成。它选用初学武术所需掌握的基本技术，包括“手型”“手法”“步型”“步法”等基本内容。在内容中添加了“抱拳礼”“平衡动作”，将“抱拳礼”列为本套武术健身操的第一节内容，这充分显示了“习武崇德”“习武知礼”的“尚武精神”。本套武术健身操用于武术初学者和少年儿童习练，并收到良好效果。

二、主要内容

武术健身操主要包含拳、掌、勾三种基本手型；开步、弓步、马步、仆步、歇步、虚步、丁步七种步型；一种平衡；抱拳、冲拳、架拳、挑掌、推掌、撩掌、按掌、穿掌、搂手、弹踢、盖打等基本姿势；基本手法和步法的组合练习。

三、主要用途

（1）让少年儿童对武术项目产生爱好和兴趣。

（2）自幼培养传统文化，逐步了解中国武术内涵。

（3）强身健体，培养吃苦耐劳的精神。

（4）培养团队意识，培育积极向上的新时代少年儿童。

四、基本内容

第一节　抱拳礼

第二节　手型变换（拳、掌、勾）

第三节　步行变换（弓步与马步交换）

第四节　虚步与丁步变换

第五节　仆步与歇步变换

第六节　弹腿

第七节　望月平衡

第八节　五步拳

第一节　抱拳礼（图 3–33）

（1）预备（式）：并步直立，目视前方，两臂自然垂于体两侧（图①）。

（2）右脚向前迈步；两臂由体两侧向上摆托；目视前方（图②）。

（3）接上式，左脚向右脚左内侧上步并靠成并步；同时，两掌摆至胸前；右掌变拳，掌心向下；左掌拇指屈扣，四指并拢，掩至右拳面，掌尖向上；目视抱拳（图③）。

（4）接上式，左脚向后撤步；右拳变掌，两掌由上向下绕摆；目视前方（图④）。

（5）接上式，右脚向后撤至左脚内侧成并步；同时两掌摆收至体两侧，自然垂下；目视前方（图⑤）。

注：右式同左式，方向相反。

图 3–33

第二节　手型变换（拳、掌、勾）（图 3–34）

（1）并步抱拳：两掌在体两侧，屈肘变拳，提抱腰两侧，拳心向上（图①）。左脚向左开步与肩齐；同时，两拳由体两侧向前冲出，拳心向下，拳面向前；目视前方（图②）。

（2）两拳变掌交叉；左掌在前，右掌在后，两掌由胸前绕摆分撑至体两侧与肩平成立掌；目视前方（图③）。

（3）站立不动，两掌屈腕极限；五指捏紧；目视前方（图④）。

图 3–34

第三节　步型变换（弓步与马步变换）（图 3–35）

（1）并步直立，两臂屈肘抱拳，拳心向上；目视前方（图①）。

（2）左脚向左开步屈膝成左弓步；左拳由拳变掌，由左腰侧向左搂掌绕摆至左腰侧变拳成抱拳；同时，右拳由右腰侧向左前方冲出，拳心向下，拳面向前；目视冲拳（图②）。

（3）身体右转，重心右移，左脚尖内扣，两腿屈膝半蹲成马步；右拳由下向上绕摆至头右上方；同时，左拳由左腰侧向左冲出，拳心向下，拳面向左；目视前方（图③）。

（4）身体立起，右拳下摆与肩平，两拳变掌，掌心向下；左脚向右腿内侧并靠；同时，两掌向下摆收至体两侧；目视前方（图④）。

注：右式同左式，方向相反。

① ② ③ ④

图 3-35

第四节　虚步与丁步变换（图 3-36）

（1）并步抱拳，重心移至左腿，右腿向左斜方上步，脚尖点地，两腿屈膝半蹲成虚步；同时，右掌由体右侧向右上挑成挑掌；左掌由体左侧变勾后摆至左上方；目视前方（图①）。

（2）身体立起，重心移至左腿；左脚跟左展，身体左转，右脚向左腿内侧并靠，脚点地，两腿屈膝半蹲成丁步；左掌随转身摆至右上方；右勾手不变，随转身右前臂外旋，后摆向上成反背勾，目视前方（图②）。

（3）身体立起，重心移至左腿，右腿向右开步与肩宽；左掌下摆，右勾上摆变掌；两掌与肩平，两掌心向下；目视前方（图③）。

（4）左脚向右腿内侧并靠成并步；同时，两掌向下摆收至体两侧；目视前方（图④）。

注：右式同左式，方向相反。

①　　②　　③　　④

图 3-36

第五节　仆步与歇步变换（图 3-37）

（1）分腿直立，两掌由体两侧由下向上托起与肩平；重心移至左腿，身体左移，左屈膝全蹲成仆步；右掌沿右腿穿出，左掌随身体全蹲摆至左后上方成侧立掌（图①）。

（2）身体微起，重心移至右腿，左腿由左向右经右腿插出，两腿屈膝，全蹲成歇步；同时身体左转；两掌随转变拳，右掌在上，左拳在下，两拳拳心相对；目视左方（图②）。

（3）身体立起微右转，右腿向左腿内侧并靠成并步；同时两掌摆至体两侧（图③）；目视前方（图④）。

注：左式同右式，方向相反。

①　　②　　③　　④

图 3-37

第六节 弹腿（图 3-38）

（1）并步直立，两臂屈肘上提，两掌变拳提抱于腰两侧；同时，重心移至右腿，左腿向前上步；目视前方（图①）。

（2）重心移至右腿，屈膝提起水平脚面绷平，向前弹出，力达脚尖；目视前方（图②）。

（3）左腿屈膝控腿右摆下落，脚尖点地，踏实与肩宽；目视前方（图③）。

（4）左腿向右腿内侧并靠成并步；同时，两拳变掌，自然垂于体两侧；目视前方（图④）。

注：右式同左式，方向相反。

① ② ③ ④

图 3-38

第七节 望月平衡（图 3-39）

（1）并步直立，两臂屈肘上提，两掌变拳抱于腰两侧；同时，左脚向左开步与肩宽；目视前方（图①）。

（2）两臂由腰侧两拳变掌上摆至与肩宽；目视前方（图②）。

（3）右掌抖腕立掌，左掌摆至头左上方；同时，重心移至右腿，左腿屈膝提起，由左向左后撩起；脚掌向上；目视前方（图③）。

（4）左腿向左落步与肩宽，左掌下摆与肩平；右腿向左腿内侧并靠成并步；两掌下摆至体两侧；目视前方（图④）。

注：右式同左式，方向相反。

① ② ③ ④

图 3-39

第八节　五步拳（图 3-40）

（1）预备式：两脚并拢，双手握拳抱于腰间，拳面与小腹在同一个平面，双肘后顶，向左摆头；目视前方（图①）。

（2）成左弓步，左手向左平搂收回腰间抱拳；右拳向前冲拳成平拳，目视前方（图②）。

（3）弹腿冲拳：右拳收回腰间，拳心向上，左拳拧旋击出，同时右脚向前弹出，脚面绷平，力达脚尖，左拳掌心向下，上身立直，目视前方（图③）。

（4）马步架打：右脚前落成马步，左拳变掌向上撑架，右拳向前击出成平拳，目视右方（图④）。

（5）歇步冲拳：上动不停，两腿屈膝下蹲成歇步，同时冲右拳，左拳收回腰间，目视右拳（图⑤）。

（6）仆步挑掌：上动不停，左脚落地成仆步；左手掌指朝前，沿左脚内侧穿至左脚面；目视左掌（图⑥）。

（7）虚步挑掌：左腿屈膝前弓，右脚前上成虚步；同时左手向后划弧成勾手，略比肩宽，右手顺右腿外侧向上挑掌，眼向前方平视（图⑦）。

（8）并步抱拳，收式（图⑧）。

注：右式同左式，方向相反。

图 3-40

项目四
圣地李氏查拳

单元一 李氏查拳内容体系

圣地李氏查拳是在李家拳的基础上，吸收了别家技艺，充实本门武艺，历经数百年的衍化、发展，形成的一套完整体系。它主要分为五种演练形式：徒手套路、器械套路、对打套路（包括徒手对器械）、功法、行手。

一、徒手套路

捣捶（十路）、腿套（四路）、弹腿（十路）、花腿（二路）、看家拳（二路）、截手拳、鹅掌式、靠子捶、黑虎架、天罡拳、八卦拳、炮捶（八路）、滑拳（四路）、洪拳（四路）、仙传母子捶（六路）、查拳（十路）。

二、器械套路

器械有长兵、短兵、双兵、软兵之分。

长兵有：周仓大刀、三尖两刃刀、青龙偃月刀、双手带、四门枪、穿林枪、寿泉枪、张飞枪、查枪、霸王戟、虎尾镗、四路耙头、月牙铲、正天棍、群羊棍、齐眉棍、查棍。

短兵有：查刀、八卦单刀、剑侠刀、护身刀、绨袍剑、八仙剑、梅花剑、查剑、保太剑、拦马橛。

双兵有：护手双钩、双锏、查拳双刀、双剑、双枪、双锤、双拦马、双圈。

软兵有：霸王鞭、三节棍、四节镗、磨盘梢、绳镖、流星锤。

三、对打套路

对打套路有徒手对打、器械对打、多人对打（三人以上）之分。

徒手对打有：十二腿、靠打拳、腿套对拆、查拳对拆、盘架对打、靠捶、擒拿对拆。

器械对打有：白手刀、白手棍、白手枪、对刺剑、对劈刀、单刀枪、双刀枪、大刀战枪、朴刀战枪、对打棍、对扎枪、耙破枪、钩进枪、梢子战枪、对打三节棍、三节棍擒枪、镗破枪。

多人对打有：白手擒两杆、白手朴刀枪、二龙戏珠、三英战吕布、五虎群羊。

四、功法

功法有站桩功、卷棒功、抓坛罐功、石担功、踢桩功、石锁功、点石功、打沙袋功、提纵功、铁砂掌、拍打靠、铁扫帚、铁板桥等。

五、行手

行手包括行手理念、行手礼仪、行手实战、行手事项。行手现称散手，传统武术有“行拳走势”之说。行手是李氏查拳的上乘功夫，是将套路中技击动作拆散成招，以应付对手之变化。见招拆招，见势拆势，以付诸实战为最终目的。

以上为李氏查拳内容，涵盖了李氏祖人创编套路，如:“捣捶”为李氏第三世李树雄创编；“腿套”“截手拳”“正天棍”为李氏第四世李正天（绰号李半天）所创编；“寿泉枪”由李氏第十四世李寿泉编造；李氏第十六世李汝峰创编“耙头四路”“耙破枪”；李氏第十七世李琪瑞又在李氏拳中添加“爪型”，体现李氏查拳中“五形”之说的“龙形”；李氏第十八世李保太创编“六路仙传母子捶”和“保太剑”。这些套路的创立，丰富了李氏查拳的内容，成为李家独有的套路、器械。我国“长拳”类的固有手型为拳、掌、勾三种，而李氏查拳在此基础上，增添了“爪型”，为“长拳”类增添了新的内容，使长拳手型增至四种，“爪仅运用于李氏查拳中”。

李氏查拳虽然内容丰富，但还是以十路查拳为主要教学内容，分为初、中、高三种练功方法。初级练功法，以“捣捶”练习拳法，“腿套”和“弹腿”练习腿法，为李氏查拳的基础套路；中级练功法，以“十趟拳”（十路查拳）为主要套路，兼学器械套路和对打套路；高级练功法，以“功法”“行手”为主要教学内容。

单元二　李氏查拳风格特点

一、李氏查拳演练风格

李氏查拳整体动作，以“五击”“八法”“六合”为主线，贯穿整体拳术之间。演练起来，眼明手快，步法灵活；动作朴实，刚劲有力；拳势伸展清晰，拳法势势相承；舒展大方，功架整齐；矫健敏捷，动静分明；长拳短用，拳脚齐发；形神兼备，内外合一；六合兼备，气势奔放。

二、李氏查拳动作特点

李氏查拳动作特点：挺胸收腹，敛气纳神；拧腰顺肩，劲自腰发；气势饱满，行于手足；意随拳行，力随意发；手动眼随，势转头随；远纵落轻，速快灵巧；行拳有法，攻防有致；动作顺达，节奏明快。

三、李氏查拳技法特点

李氏查拳技法特点：出手迅疾，寸劲触发；回手快速，守攻兼顾；招式多变，虚实兼备；出其不意，攻其不备；明暗并用，足手俱到。

李恩聚曾说：“行拳走势步为先，进退自如看前面。上步健稳则拳猛，手到步到妙无边。审势当先察破绽，切忌心浮意气乱。有攻有防皆齐备，好手似虎败阵来。”

单元三　查拳技击方法与实践价值

一、查拳踢、打、摔、拿

（一）李氏查拳踢、打、摔、拿的特点

“四击”，指武术套路中的踢、打、摔、拿四种方法，李氏查拳称之为“行手”。其要求是在相当熟练和准确掌握套路的运动中，拆出各种技击动作的运动规律，熟练并掌握对方不同的力点、方位和行动路线，在运动过程中表现出来，提高体现踢、打、摔、拿的招法应用。

李氏查拳踢、打、摔、拿的特点：利用身体各部位的功能，施以后发制人的踢法、打法、摔法、擒拿法和反擒拿法等技术动作。它是在实用时人与人的互相接触中几种方法的交替使用，是抗击性较强的技术、技能和技巧；在关键的时候，又是你死我活的格斗技术。它的技术动作形式有击打、弹踢、蹬踹、顶撞、搂抱、推拉、挤压、挤靠、戳砍、缠绕、挡抓、架挡、格压、插封、挫拨、锁闭、进退、闪展、腾挪、抽缩、扫撩、扛扔、转送等。在实用中，全身上下无一处不可施以技击之法。

我国武术界有“南拳北腿山东查”之称，而山东查拳技击方法的动作兼而有之。它不仅善用拳打脚踢头部撞，而且膝撞、碰磕及臂架、格挡、膀靠、肘击、胯打、肩扛、腿别、挑撩等方法无所不有。拳谚中有云：“远拳、近肘，靠身胯，不远不近弹腿把脚下。”这就说明了根据对方不同的距离施用不同的方法。在实战中，根据具体变化情况，交替使用踢、打、摔、拿等各种技法。瞬时多变，以巧取胜，攻其一点，击其要害，反折关节，抓筋拿穴，挫颈断骨，俯击抵就，左转右闪，先发制人，后发先至。总之，要求达到自卫和制伏对方之目的。

（二）李氏查拳踢、打、摔、拿实用原则

踢、打、摔、拿实用原则，就是和对方实际格斗时，所掌握和遵循的规律。它不仅需要运用踢、打、摔、拿等技术方法及原理，同时还要懂得战略战术等方面的问题。

1. 出其不意，攻其不备

在和对方格斗时，根据其向我进攻的招式，确定防御、抗击的技术方法。防御和抗击，不外乎有闪躲、阻挡、格挡、架挡等技术动作。在向其还击时，应闪之藏力，躲之潜机。出拳则着，抬腿则中。在使对方尚未能辨别出意图的时候，突然出招，迫使其没有躲闪、招架的时机和还手的机会，这就是“出其不意，攻其不备”。

2. 避实就虚，随机应变

在和对方格斗时，应避其锋芒，攻其空虚，随机应变，顺乎招式。所谓避实，就是避开对方的锋芒。实者坚，力技固；空者虚，弊之存。两人交手，互相接触，拳打脚踢，必有虚实。如对方抬腿弹踢，则可攻其站立之腿，谓之避实就虚。在互相活动的过程中使用动作，各自动作的变化是互不相同的，这样就要随机应变，按对方的进招、身体的姿势，寻找防御、抗击的机会。如果由于某种原因失去战机，也要力求以防御抗击的技术。

3. 顺势化力，以巧取胜

顺势化力是顺应对方的招法来势，而不是用力顶撞、鲁莽招架，应运用技巧战胜对方的力打捉拿。对方向我袭击或拳或脚，其身体必须做出一定的姿势。我身体必须根据其姿势，采用相应的姿势对其防御，不然的话，其招必中，其势必成。力是人体发出之劲，而力有动有静，动有疾速、缓滞，力有大小、沉浮。在实战中，要根据对方的具体情况，实施相应的技巧。

4. 上下相随，攻守兼顾

在实战时，要求身体上下相随，首尾呼应。攻守两者是相对的，对于人的战略战术来说又是统一的。攻是为了取胜，守是以逸待劳，以守为攻，所以守也是为了取胜。在实战中要攻守兼顾，不可偏废一方，否则就会顾此失彼。

5. 以静待动，动静结合

在实战中的通常情况下，在对方进攻时，所采用防御或抗击的技术动作就存在一个以静待动的过程。所谓静是相对的，也就是说我没有向外界事先进招，我或行或站，或沉或静，都可能遭遇对手的袭击。这样就需要头脑清醒，彼动我静，静中求动。彼不动我不动，彼欲动我先动，后发先至，动静结合。

6. 拿筋错骨，击打要害

在拿法技术动作里，以“拿筋错骨，击打要害”为主要内容。它的每个动作乃至一招一式无不体现这种技法。伤其十指不如断其一指。人是一个有机的整体，如一个部位致伤，会使身体局部或整体受到阻碍。如肩关节脱位，那么其胳膊就会失去正常的活动能力。人体中的要害部位受到击打后，会暂时或永久地失去战斗力，所以说“拿筋错骨、击打要害”也是一个实用原则。

（三）踢、打、摔、拿基本要求

1. 踢

踢即踢法、腿法。李氏查拳中腿法众多，有弹、踢、踹、跺、蹬、勾、扫、挂、缠、撩、截、别、拨等，它有以下肢攻击、防守、进攻兼备三种方法。人的下肢比上肢要长，其力量也比上肢要大，而且可攻可守，还可连防带击。距离对方远则用脚，距离近可膝顶。正如拳谚中所说的“手似两扇门，全凭腿打人”。例如，李氏一路查拳中，当对方出腿向我踹击，我快速提膝截住对方来势，当对方落腿之际，我快速出腿侧身踹击其胸或腹部。当然，由于脚踢是一腿支撑身体，用另一腿击踹对方，支撑面减少，身体的稳固性受到影响，有“起腿半边空”之说。在实用腿法上，要利用踢法特点，加大下肢力量和动作幅度，提高踢法的灵活性和技能，以收到满意的效果。

2. 打

打即打法，是李氏查拳中最常用的方法，有“抬手即打”之说。打法有冲、盖、挑、贯、砸、栽、劈、撩等拳法；推、穿、劈、挑、点、拍、分、盖、砍、戳、抱、摆、插、亮、拦等掌法；顶、架、格、掩、压、挑、撞、盘等肘法；拨、插、挑、云等爪法；撩、挂、搂、捞等勾法。在具体战术中，根据对方的体能、技术和功力的表现特点及对方的薄弱环节等情况，实施多种变化打法，让对方摸不清规律，找不出破绽。如采用指东打西、指上打下、以静待动、以动制静、虚实相兼等打法，可达到制伏对方的目的。

3. 摔

摔即摔法，指用力扔出或抛出，讲究一触即摔，将对方打翻在地。摔是李氏查拳常用技法，它不同于“摔跤”的互相缠抱抢把、较力争巧等技术方法。主要摔法有靠、挑、背、扛、别、撩、捆等。摔法中，脚的勾踢、锁绊与上肢的拿、打、推等方法和躯体的靠、撞等都有着密不可分的配合。摔不翻就打、就拿；摔倒还打、还踢，直到制伏对方。例如李氏四路查拳中，“引手弓步推掌”就是巧妙的摔法之一。当对方用左或右直冲拳向我头部打来，我用左或右前臂将对方来拳架住；我左或右脚上前一步，同时，左或右拳变掌，顺原上架的弧线向左或右下绕半立圆，将对方左或右臂拨开后，顺势抱住对方左或右膝窝；用左或右手向后用力搂拉，同时，左或右手变掌向前拍击对方胸部，将对方推翻在地。

4. 拿

拿即拿法、擒拿法。拿法是以人体关节结构、骨骼活动规律为依据，以拿之一点，制伏其全身为目的的技击方法。擒拿法分为拿骨、拿筋、拿穴三种方法。李氏查拳主要拿法有缠、拿、挫、锁、绞、托、压、掰等。拿法掌握得好与坏是施展拿法的关键，也是能否克敌制胜、制伏对方的要点。“拿”是通过控制对方关节和要害部位，以小胜大、以弱胜强之巧妙方法。例如，李氏七路查拳中的“舞花手”，就是典型擒拿手法。

李氏查拳以“阴阳”而产生变化，有拿法，也就产生了解法。解法是在对方拿的过程中，破坏拿法动作，借势反拿或滑脱踢打，从而达到任拿一法都可解的效果。

擒拿动作损伤性很大，轻则可以控制对方，使其不敢妄动，重则可使其关节损伤、脱臼、骨折，甚至休克或死亡。特别是在练习过程中要把握分寸，无武德者，不可教也。

综上所述，在实用踢、打、摔、拿中，要根据不同对手和对方所打击的不同部位，无论是踢打摔拿的效果，还是前后、上下等不同的具体情况和姿势，要沉着、勇敢、机智灵活地确定技术动作，对其进行防御。所谓沉着勇敢，就是面对对手不慌不乱，心神安定，手脚有序，两强相遇勇者胜。以勇胜怯，出招快速，用气吞山河之势，从精神上战胜对方。所谓机智灵活，就是和对方交手时，不施大力，施以技术，智取巧胜。手法、步法、身法、技法灵活应变，为此不能对某个动作生搬硬套，要见机而作，兵不厌诈，诱其深入，从而战取对方。

总之，沉着勇敢、机智灵活地与对方格斗，不仅要掌握好技术，而且要很好地运用技术。沉静自如、有勇有胆、多谋善断、方法多变，这样与对方格斗，才能收到满意的效果。

二、技击五法

1. 顺势法

拳诀中说“借招发招，顺势发势，顺势化力”，是指顺应对方的来势、招法，而不得用力顶抗，鲁莽招架。应以巧胜拙，运用技巧战胜对手的力。运用顺势法时，多采用闪身移步或弧形上步的步法。

势者，人之形也。对方以拳或脚向我袭击，其身体必然要做出一定的姿势，须根据其姿势采用相应的动作对其进行防御或抗击。力是人体发出之“劲”，而力有动有静，动有疾速、缓滞；力有大小、沉浮。在实际的对抗中要根据对方的具体情况（招法、姿势、力的方向、力的大小等），实施相应的技法。顺势化力，以巧胜拙，即将对手之力由大化小，乘势击打对方要害部位。如查拳三路中“马步反背拳”，对方出拳向我胸部或面部打来，我用左掌划开或抓住来拳，顺势上步下潜成马步，同时，出右拳反背迎击对方肋部。

2. 防反法

防反法是在防守中反击对方，而不是先防后攻。引手找空隙，寸长打寸短。对方拳脚发出时，也是暴露自身缺陷、漏洞之际，应避实就虚，随机应变，顺乎招式。实者，坚也，力技固有之所在；空者，虚也，弊之所存。身体上下左右皆可施以技法，要求身体上下相随，不可偏于一隅，拳谱曰：“习拳如常山蛇阵法，击首尾应，击尾首应，击其身而首尾呼应。”这就很生动地说明了上下相随的道理。要求在实用时，防反击兼顾，随机应变，使用某个技法动作要考虑周全，手法、身法、步法及眼法相互配合，拳打、脚踢、进退、腾挪相互协调。防中有反，反中有防，攻注意防，守考虑攻，相辅相成、互为周济。

3. 拦截法

“拦”即阻拦，阻止拦住；拦阻，拦截阻挡；拦截，中途阻拦，不让通过。从字面上不难看出“拦截”在查拳中的实用性。在和对方交手时，宜根据对方向我进攻的招式，确定防御、抗击的技击方法。防御和抗击，不外乎闪躲、阻拦、格挡、架挡等技法动作，都称为拦截法。在向对方还击进攻时，应闪之直力，躲之潜机。出拳则着，抬脚则中，用“横劲破直劲”的方法拦截，对攻势要起横落顺，这是使用拦截法的有效途径。其核心是横劲和顺势的合理配合，起手或起脚时，横劲拦截防御；落手或落脚时，用顺劲进击对方。如对方顺势左冲拳向我面部或胸部打来，我微左转身，右脚微提起，右手向左平拦对方左腕或臂部，使其攻击偏离目标。我紧上右脚前落，右掌前推，击打对方。右手平拦就是“起横”；右脚前落，右手前推就是“落顺”。

“横劲破直劲”的方法，是运用与对方劲力方向垂直的横力，防守或反击对手。在运用中有“以横拦直”和“抢横击打”等方法。“以横拦直”是对方直拳向我击来，其纵向力强，横向劲弱，我左或右平拦截或上架、下压其手腕，很容易使拳偏离攻击目标，失去杀伤力。“抢横击打”是对方直拳快速打来，我应及时向斜前方上步；闪身、抢步站立于对方直进方向垂直的横向位，同时反击对方身体侧面。此时对方纵向稳定，我横向进攻，很容易在其直冲拳落空的同时，击中对方身体，破坏其身体重心。

4. 靠身法

“靠”即倚着，挨近。查拳靠身技击方法较多，招法全面，有“周身无处不伤人”之说。靠身法，是指在步法、身法和躲闪的配合下贴近对方身体，利用肘、膝、肩、手、靠、别、胯、臀、跺、勾、挂、压、格、夹、撞等技法击打对方。靠身法练习大致分为“单操”和“对操”两种。

“单操”是为“对操”做准备的，采用步法、身法虚拟实战，进行躲闪靠身练习。躲闪靠身能力要求自身技术全面，身体素质较好，尤其是速度素质和协调素质。提高躲闪靠身能力常用上步、退步、弧形步、纵步、盖跳步、歇步等步法交替练习，以达到靠身紧贴对方的目的。要注意躲闪靠身动作幅度不宜过大，否则既不利于快速转换其他靠身动作，也不利于靠身格挡或出招反击。

“对操”是双方使用固定招法，针对练习动作进行靠身练习的方法。它是为应对不同对手，在不同条件、不同角度发挥个人技能、体能，实施靠身控制对方的手段。多在变化步法、身法、距离和角度上，达到躲闪、靠身。通过反复练习、揣摩、领悟在实用中的规律，多加习练，提高靠身的技术水平，如查拳中的“劈山靠”“马步靠”“丁步靠”“拦劈靠”等均为查拳靠身法的经典动作。

5. 迎击法

“迎”即向着、对着，迎合。迎击就是朝着对手打来的方向攻击。拳诀说：“交手量胆艺，妙手迎着打。”迎击法是在对方起势之时，判断来势而采取攻势。此时稍有犹豫便会丧失战机。迎击法是一种奇妙的与对方同动的进攻方法。它是指在对方攻击时，既不让也不躲，同时以最快的速度，出其不意地攻击对方，迎其道而行之。防击的同时，攻击对手，使对手处于败势之中。快攻、快进、快取，“不招不架，就是一下”。它是一种以攻制攻的速战、速决战术。查拳四路中有一招叫“迎面三不顾”，就是勇往直前的经典迎击打法。

迎击法要求自身抗击打能力强，击发力大，而且手快、步快、意快，方可硬打直上。运用迎击法讲究直攻中门，直线出击，以快打慢，以大力打小力。常常移步逼近对手，封住对手招式，强阻对手发力，同时进攻对手，使对手无还手之力。使用迎击法，还要势不做空，招无虚发，上下齐用，环环相扣，才能收到良好的技击效果。

三、查拳行手

查拳大师李恩聚不仅精于祖传的查拳以及刀、枪、棍、棒等器械，而且精通实战。1928 年，时年 71 岁高龄的李恩聚在南京国考擂台赛中，代表上海精武体育会出战，打败各路豪杰，一举夺魁，并荣获“勇士”称号、“老当益壮”奖。行手是李氏查拳的上乘功夫，须在全面掌握套路的基础上进行，通过各种形式手段将套路中的技击动作拆散成招，付诸实战，是习武者的最终目的，也是御敌取胜的法宝。

歌诀：欲练行手寻理法，一步两拳规矩大。尔说路子不实用，学活练精本不差。先师留下艺十路，专心苦修莫松达。招式不凡功夫长，管叫小鬼见阎王。

（一）行手理念

行手的理念是：以武术套路为母体素材，以攻防性动作为本质，反映拳术技法特征，体现格斗价值，在实践运用中发挥功防效用。

通过行手锻炼，有助于灵便身手和掌握套路中的招法，提高表现套路和攻防格斗技巧，有助于体会套路攻防意识和动作攻防含义。学习攻防技法，提高攻防技能，可使习武者具有在实际应用中所必备的体能，掌握防身制敌的有效本领，展示习武者的功力和内壮外强的体魄。

（二）行手礼仪

查拳先师注重武德武仪的教育，“学拳先明礼，习艺先尚德”。要求“敛凡俗之气，聚武运之神”。在传授技艺时，要求先考察对方人品，再观其行。一切习武者，依礼而动，依礼而终。礼仪分为三种：一为拱手礼，二为站礼，三为口礼。这些是查拳门的传统美德，亦是必行的程序。习武之人以健强体魄为要旨，宜朝夕从事，不可随意作辍，尤宜存悲悯之怀，纵于功夫精娴，也只可备以自卫，切戒逞意气之私，行好勇斗狠之举。

（三）行手实战

歌诀：出势离弦回似烧，抢先发力跟其后。上打寸劲忌乱出，阴阳交错虚实真。引手闪身向上靠，站侧背后出奇招。引诱暴露暗藏腿，敌变我变最为妙。踢打拿摔多变换，理法无穷在琢磨。

（1）对阵交手以快制胜，快与慢是相对格斗双方而言。一方以最快的速度攻击，另一方同时以更快的速度回击，后者先击中前者，也即前者受制于后者。先出招易暴露自己的弱点和空隙，有经验的拳师多在此寻找战机。技击时，务必做到“三快一短”。“三快”即感知快，判断快，出招快；“一短”为寻求进攻距离短。在施展招法时，抢在对手出招发力前出手，好打乱对手的方寸。

（2）在拳、掌、腿接触对方的瞬间，快速将全身的力量贯穿于手或腿上，发劲短而促，故曰“寸劲”，是进攻时整个身体活畅之劲。交手切忌乱出手，首先储备自己的体能。在双方对垒时，出手发招多，若击不中对方，体能先衰，善于保存体能者必占上风。乱出招法易暴露自己的弱点，让有经验的对手乘虚而入，轻易取胜。

（3）交手时，要实中有虚，虚中有实。实的招法和拳法不能全实，要有虚的成分；虚的招法和腿法不能全虚，要有真假虚实，阴阳转换，让对手摸不着是虚是实。这也是战略、战术、计谋的综合体现。

（4）与人交手，对手以静待动不肯出招，运用“引手”诱招，其被引出动作在意料之中，胜负的主动权也在自己手中。也可设下圈套使其入圈，出技法于对方难防，故能胜敌。交手时，除寻找对方空隙，还应运用声东击西、指上打下等方法，使对方应接不暇、防不胜防，找不到自己的空隙和漏洞。

（5）腿法众多，招法多样，技击中腿法在交手中占有重要位置。要用好腿法必须为腿创造好的条件，绝大部分是手脚并用。手为引诱，明拳暗腿，用法多变更为巧妙，让对方不好防范。

（四）行手事项

（1）行手是从一招一式基本功练起，在固有套路中，寻求每招每势的运动走向变式而成，再进一步练手、眼、身、法、步的合一。在弄清招式的变化后再加以应用。唯有在单练套路扎实娴熟的基础上，方可拆招练习。

（2）行手分为单操和对操两种练习，并都有它独特的练功方法。有的将套路拆开后，另编上下手开打的套路练习。有的拆开套路借助物体或对人做应变练习，再加以战略战术的应变配合练习。

（3）行手讲究虚与实、实与虚、真与假、假与真，外变与内变相互配合，阴阳相克变化。练习得己得势，引诱对方，借力打力，起到牵动四两拨千斤之妙用。

（4）查拳的行手拆招练习，还是进一步检验基本功和套路扎实、正确与否的手段之一，并可改正在练习套路中的欠缺之处，促进功夫的提高。要想使技击方法得心应手，就要在基本功和套路上狠下功夫，达到动作娴熟，随心所欲，得心应手。欲求速达，谈何容易。

单元四 查拳基本功法——拍打靠

拍打靠是查拳名家李恩聚先生所传，是在传统功法的基础上加以改进的。其功法简单易学，功法合理，收益较好，是李氏查拳入门功法之一，也是武术界练习抗击打能力不可多得的练功方法。

拍打靠也叫拍打靠功，是增强胸、肩、胯等部位撞顶力和抵抗能力的练习方法。它包括拍打胸腹、撞击胸部、抗击肩部、抗击胯部四种练功方法。

练习拍打靠功，要求以意领气，在拍打的瞬间，将气贯注于被拍打部位和用力部位，促使肌肉紧张，决不可泄气放松。练功时，每种方法可单操反复练习，也可将四法串联反复练习。

预备式：两人开步对立约两步远；目视对方（图 4–1）。

抱拳礼：两人同时屈右臂握拳，左臂手成掌，拇指屈回，其余四指并拢掩掌于右拳上。拳掌距胸约 20 厘米，两臂屈圆与胸齐平，目视对方（图 4–2）；两臂自然下垂，目视对方（图 4–3）。

图 4–1

图 4–2

图 4–3

一、拍打胸腹

（1）两人同时向前上右脚，身体同时左转，双方以右手掌拍打对方左胸部，左臂自然后摆，同时屈膝下蹲成马步（图 4–4）。

（2）两人同时退右脚于左脚旁，两臂同时下落，经腹前交叉向上分臂。换左脚前上，身体同时右转，以左手掌拍打对方右胸部，右臂自然后摆，同时，屈膝下蹲成马步（图 4–5）。

图 4 4

图 4–5

（3）两人退左脚于右脚旁，两臂下落，经腹前交叉向上分臂，换右脚前上，身体同时左转，以右手掌拍打对方腹部，左臂自然后摆，双腿微屈膝站立（图 4–6）。

（4）两人退右脚于左脚旁，两臂下落，经腹前交叉向上分臂，接换左脚向上，身体同时左转以左手掌拍打对方腹部，右臂自然后摆，双腿微屈膝站立（图 4–7）。

图 4–6

图 4–7

二、撞击胸部

（1）接上动作，两腿站直，换向右前上步，同时两臂自然下垂于身体两侧，互相以右胸部相撞（图 4-8）。

（2）换左步向前上步，两臂下垂，互相以左胸部相撞（图 4-9）。

图 4-8

图 4-9

三、抗击肩部

（1）接上式，双方均后撤左脚靠于右脚，脚尖点地成左丁步，同时，左掌伸于左膝前护于裆部，右掌护于左肩部（图 4-10）。

（2）两人同时上左脚至两人腿外侧交叉相靠，重心向左前移动，互相以左肩相撞（图 4-11）。

图 4-10

图 4-11

（3）左脚退回右脚旁落实，右脚尖点地成右丁步。同时右掌下插护于裆部，左掌向上护于右肩部（图 4–12）。

（4）两人同时上右步至两人腿外侧交叉相靠，重心向右前移动，互相以右肩相撞（图 4–13）。

图 4–12

图 4–13

四、抗击胯部

（1）接上式，双方均后撤左脚靠于右脚，左脚尖点地成左丁步，同时，左臂后摆掌成立掌，右臂上举掌成立掌，右臂微高，左臂掌微低成左丁步亮掌（图 4–14）。

（2）两人同时上左脚至两人胯部交叉相靠，同时，左掌伸于左膝前护于裆部，右掌护于左肩部，互相以左胯部撞击（图 4–15）。

图 4–14

图 4–15

（3）双方均后撤右脚靠于左脚，右脚尖点地成右丁步，同时，右臂后摆掌成立掌，左臂上举掌成立掌，左臂掌微高，右臂掌微低，成右丁步亮掌（图 4–16）。

（4）两人同时上右脚至两人胯部交叉相靠，同时右掌伸于右膝前护于裆部，左掌护于右肩部，互相以右胯部撞击（图 4–17）。

图 4–16

图 4–17

收式：收回右脚成并步站立；行抱拳礼（图 4–18），后两手自然下垂于身体两侧，目视对方（图 4–19）。

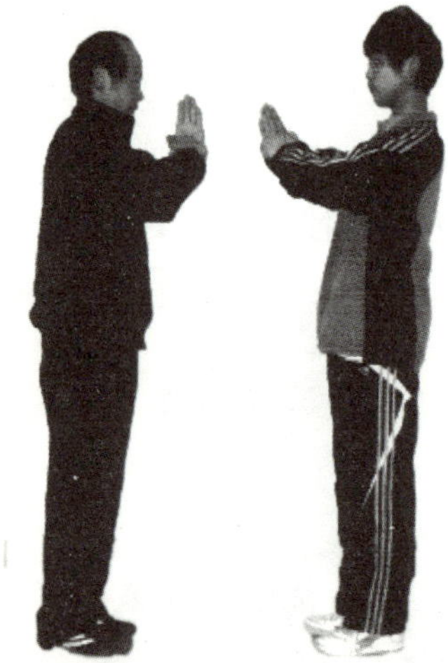

图 4–18

图 4–19

单元五　查拳基础套路——十路捣捶

一、查拳门十路捣捶

任城李氏查拳是中华武术的优秀拳种，是山东省三大查拳流派之一。李氏查拳历经李家数代的秉承和发展，形成了完整的体系。李氏查拳以套路彪悍、刚劲有力、拳法连贯、结构严谨、长拳短用、出手含蓄而著称，并形成独具一格的演练风格和技术特点。

十路捣捶是李氏查拳门练习拳法和步法特有的基础套路。它动作简单、易懂易学，是初学武术者的最佳入门套路。十路捣捶由弓、马、仆、歇、虚、丁六种步型；拳、掌、勾三种手型；弹、挂、踹、缠、趟、箭、弹七种腿法；对、冲、压、架、撩、栽、挑、砸等主要拳法，以及五种掌法、六种步法、两种勾法、三种肘法、一种平衡动作组合成基本功套路练习，其中尤其突出功架、腿法和拳法。每路都由左右对称的动作组成。

二、十路捣捶歌诀

一路冲拳马步先，二路弓马势法全；
三路架盘用弹腿，四路趟腿挂腿急；
腾空挑踢有五路，连踹缠挂六路起；
七路歇步连翻身，八路栽拳紧反劈；
踢腿勾挂踹为九，翻身砸劈抡是十。

三、十路搗捶套路

第一路　动作说明（图 4–20）

1. 预备式

两腿并立；两臂自然垂于体两侧，目视前方（图①）。

2. 屈肘抱拳

两手握拳收抱于腰部两侧，拳心朝上；同时，头向左转，目视左前方（图②）。

3. 马步左冲拳

左脚向左迈步，两腿蹲成马步；左拳左平冲成立拳；目视左拳（图③）。

4. 按掌上步马步右冲拳

（1）身体左转，左脚跟向内碾转；右脚向前上步；同时，左拳变掌，指尖向下、向左、向上、向右旋臂按掌，小指一侧朝前，高与肩平；目视左掌（图④）。

（2）身体左转，两脚跟向右碾转下蹲成马步；同时，左掌下按变拳抱于腰左侧，拳心朝上。右拳经左掌背上向右平冲成立拳；目视右拳（图⑤）。

5. 并步抱拳

身体直立，左脚向右脚并靠成并步；右拳收抱于腰右侧，拳心朝上；头向左转，目视左方（图⑥）。

6. 并步直立：同预备式（图⑦）。

注：左右式可自行反复练习，可自第五式并步抱拳接第三式马步左冲拳，到收并步直立。

第二路　动作说明（图 21）

1. 预备式：同第一路（图①）。

2. 并步抱拳

两掌握收至于腰两侧，拳心朝上；同时，头向左转，目视左方（图②）。

图 4-20

3. 马步左冲拳

左脚向左开步，两腿下屈蹲成马步；同时左臂内旋，左拳向左平冲成立拳；目视左拳（图③）。

4. 左弓步劈拳

（1）右腿直立，左腿屈膝提起；同时，左臂屈肘外旋，左拳经前向上摆至右额前，拳心朝后，拳面朝下，略高于头；目视左方（图④）。

（2）左脚向左落成左弓步；同时，左拳经上向左下劈击成立拳；目视左拳（图⑤）。

5. 马步右压肘

身体左转，右脚向前上步成马步；同时，左拳收抱于腰左侧，拳心朝上；右拳后摆，随转体向上，向前屈肘下压，拳心朝上；目视右拳（图⑥）。

6. 格肘右弓步冲拳

身体右转成右弓步；同时，右前臂随转体向下、向前、向右横格，然后屈肘后收，右拳抱于腰右侧，拳心朝上；左拳向前平冲成立拳；目视左拳（图⑦）。

7. 马步右冲拳

身体左转成马步；同时，左拳收抱于腰左侧；右拳向右平冲成立拳；目视右拳（图⑧）。

8. 右弓步劈拳（图⑨、图⑩）

9. 马步左压肘（图⑪）

10. 格肘左弓步冲拳（图⑫）

11. 马步左冲拳（图⑬）

以上4式与4～7式相同，要点相同，唯左右相反。

12. 并步抱拳

身体直立，左脚向右脚并靠成并步；同时，左拳收抱于腰左侧，拳心朝上，目视左方（图⑭）。

13. 并步直立：同预备式（图⑮）。

注：左右一致，要求相同，往反、反复练习。

①　②　③　④　⑤

图 4-21

第三路　动作说明（图 4-22）

1. 预备式：同第一路（图①）。

2. 并步抱拳

两掌变拳收至腰两侧，拳心向上；同时，头左转，目视左方（图②）。

3. 马步冲拳

左脚向左开步，两腿屈膝半蹲成马步；同时，左拳向左平冲成立拳；目视左拳（图③）。

4. 右插步架拳

右脚经左腿后向左侧插步；左拳收抱于腰左侧，拳心朝上；右拳向前、向左，经左肩前向上屈臂架于头右上方，拳心朝前，拳眼朝下；目视左方（图④）。

5. 左仆步按掌

（1）右脚落实，右腿挺直，左腿屈膝提起，身体微左转；同时，右拳收抱于腰右侧，拳心朝上；左拳摆至头左上方，拳面朝上；目视左方（图⑤）。

（2）右腿下蹲，左腿向左下方伸出成仆步；同时，左拳变掌，经下屈臂按于右前成立掌，掌心朝右，指尖朝上；目视左方（图⑥）。

6. 左弓步架拳盘肘

右腿立直，左腿屈膝成左弓步；同时，身体左转，左掌向前划弧变拳向头上架起；右拳经右侧向前、向左圈摆至胸前，肘尖朝前，拳心朝上，略低于肩；目视前方（图⑦）。

7. 右弹腿冲拳

左腿挺直；右腿屈膝提下，伸小腿绷脚面向前弹踢，高与腰平；同时，右拳收抱于腰右侧，拳心朝上；左拳收于腰左侧，向前平冲成立拳；目视前方（图⑧）。

8. 马步右冲拳

身体左转，右脚踏落，两腿屈蹲成马步；同时，左拳收抱于腰左侧，拳心向上；右拳平冲成立拳，目视右拳（图⑨）。

9. 左插步架拳（图⑩）

10. 右仆步按掌（图 ⑪⑫）

11. 右弓步架拳盘肘（图 ⑬）

12. 左弹腿冲拳（图 ⑭）

13. 马步左冲拳（图 ⑮）

以上 5 式与第 4 ～ 8 式动作相同，唯左右相反。

14. 并步抱拳

身体直立，左脚向右靠并成并步；左拳收抱于腰左侧，拳心朝上；目视左方（图 ⑯）。

15. 并步直立：同预备式（图 ⑰）。

注：左右一致，要求相同，往反、反复练习。

① ② ③ ④ ⑤

⑥ ⑦ ⑧ ⑨

⑩ ⑪ ⑫ ⑬

⑭ ⑮ ⑯ ⑰

图 4-22

第四路　动作说明（图 4-23）

1. 预备式：同第一路（图①）。

2. 并步抱拳

两掌变拳收至于腰两侧，拳心向上；同时，头左转，目视左方（图②）。

3. 马步左冲拳

左脚向左开步，两腿屈膝半蹲成马步；同时，左拳向左平冲成立拳；目视左拳（图③）。

4. 左弓步右冲拳

身体左转成左弓步；同时，左拳收于腰左侧，拳心朝上；右拳向前平冲成立拳；目视右拳（图④）。

5. 马步左冲拳

身体右马步；同时，右拳收抱于腰右侧，拳心朝上；左拳向左平冲成立拳；目视左拳（图⑤）。

6. 挂腿撩掌并步勾手

（1）身体直立起并左转，左脚跟向内碾转，右腿屈膝提起，甩小腿随身体左转向左腿内侧的地面上挂踢，然后直腿向上方摆起，脚尖微内扣，脚背外侧朝上；同时，右拳变掌随挂脚向右上方撩起，掌心朝上，高与肩平；左拳变掌后收，扶于右上臂内侧，指尖朝上略低右臂；目视右掌（图⑥）。

（2）身体继续左后转，右脚向左脚内侧摆落，两腿屈膝半蹲；同时，右掌随转体向上、向后撩摆成直臂反勾手，勾尖朝上，高于肩平，左掌按于右肩前成立掌；目视左掌（图⑦）。

7. 左踹腿

右腿挺直，上体前俯并微右倾；同时，左腿屈膝勾脚尖提起，伸小腿向左上方踹出，脚窝侧朝上，略高于头，目视踹腿（图⑧）。

8. 上步转身马步冲拳

（1）左脚向左侧落步，上体直起，右脚跟向右碾转；同时，左掌向胸前向左划弧，掌心朝下；右勾手变拳收于腰右侧，拳心朝上；目视左掌（图⑨）。

（2）右脚向前上步，身体左转成马步；同时，左掌下按变拳收抱于腰左侧，拳心朝上；右拳经左掌背上向右平冲成立拳，目视右拳（图⑩）。

9. 右弓步左冲拳：动作同第 4 式，唯左右相反（图 ⑪）。

10. 马步右冲拳：动作同第 5 式，唯左右相反（图 ⑫）。

11. 挂腿撩掌并步勾手：动作同第 6 式（图 ⑬⑭）。

12. 右踹腿：动作同第 7 式（图 ⑮）。

13. 上步转身马步冲拳：动作同第 8 式（图 ⑯⑰）。

14. 并步抱拳：动作同第三路“并步抱拳”（图 ⑱）。

15. 并步直立：同预备式（图 ⑲）。

注：往反、反复练习，方向分左右，要点相同。

① ② ③ ④ ⑤

图 4-23

第五路　动作说明（图 4-24）

1. 预备式：同第一路（图①）。

2. 并步抱拳

两掌变拳收至腰两侧，拳心向上；同时，头左转，目视左方（图②）。

3. 马步左冲拳

左脚向左迈步，两腿屈膝半蹲成马步；同时，左拳向左平冲成立拳；目视左拳（图③）。

4. 左弓步右冲拳

身体左转成左弓步；同时，左拳收至左腰侧，拳心向上；右拳向前平冲成立拳；目视右拳（图④）。

5. 左虚步挑掌

左脚蹬地后退半步，脚尖点成左虚步；同时，左拳变掌向前上挑成侧立掌，掌尖高与眉平；右拳变掌后收扶于左上臂内侧成侧立掌；目视左掌（图⑤）。

6. 上步挑掌左弹腿

（1）身体直立，左腿挺直；右脚向前跟步；同时，左掌稍向下落；目视前方（图⑥）。

（2）重心移至右腿，左腿屈膝抬起向前弹腿，左脚面绷平，力达脚尖；同时，左掌向前上方挑起；目视左掌（图⑦）。

7. 转身马步右冲拳

（1）右脚落地，脚跟抬起；左脚向前落地，左腿挺直；同时，左掌微下落；目视前方（图⑧）。

（2）右脚同前上步；同时，左掌向内翻下按，小指一侧朝前，高与肩平；右掌变拳抱于腰右侧，拳心朝上；目视左掌（图⑨）。

（3）右脚向前上半步，脚尖内扣，身体左转成马步；同时，左掌下按变拳抱于腰左侧，拳心朝下；右拳向右平冲成立拳；目视右拳（图⑩）。

8. 右弓步左冲拳：同第4式，动作相反（图⑪）。

9. 右虚步挑掌：同第5式，动作相反（图⑫）。

10. 上步挑掌右弹腿：同第6式，动作相反（图⑬⑭）。

11. 转身马步左冲拳：同第7式，动作相反（图⑮⑯⑰）。

注：以上五式要点相同，动作相反，分左右式练习。

12. 并步抱拳

身体直立，左脚向右脚并步；同时，左拳收至左腰侧，拳心向上；目视左方（图⑱）。

13. 并步直立：同预备式（图⑲）。

图 4-24

第六路　动作说明（图 4-25）

1. 预备式：同第一路（图①）。

2. 并步抱拳

两掌变拳，收至腰两侧，拳心向上；头左转，目视左方(图②)。

3. 马步左冲拳

左脚向左开步，两腿屈膝半蹲成马步；同时，左拳向左平冲成立拳；目视左方（图③）。

4. 砸拳分撩右挂腿

（1）身体左转成左弓步；同时，左臂微屈；右拳经上向前砸落于左腕上，目视前方（图④）。

（2）左腿挺直，左脚跟向内碾转；同时，右腿屈膝提起，甩小腿随身体左转向左脚内侧的地面上挂踢，然后直腿向右前上方摆起，脚尖微内扣，高与左膝平。两臂内旋，两拳弧形向下，随转身分向前后上方，左拳高与头平；右拳高与肩平；目视右方(图⑤)。

5. 右缠踹腿

（1）右腿屈膝，小腿下落向右，经上向下圈缠，脚外侧朝右；目视右方（图⑥）。

（2)上体向左前倾俯；右腿挺直向右侧上方踹出，脚外侧朝上；目视右脚（图⑦）。

6. 跳步右踹腿

（1）上体直立，右脚向右落步，目视右方（图⑧）。

（2）左腿屈膝后抬，脚掌朝后（图⑨）。

（3）左脚向右脚内侧跳落；同时，上体左侧前俯；右腿屈膝提起，伸小腿向右上方踹踢，脚外侧朝上；目视右脚（图⑩）。

7. 马步右冲拳

（1）上体直立，右脚向右落步；身体微右转，同时，右拳收抱于腰右侧，拳心朝上；目视前方（图⑪）。

（2）右脚向前上半步，脚尖内扣成马步；左拳弧形下按收于腰左侧，拳心朝上；右臂内旋，右拳向右平冲成立拳；目视右拳(图⑫)。

8. 转身右弓步砸拳：同第4式（图⑬）。

9. 分撩左挂腿：同第4式（图⑭）。

10. 左缠踹腿：同第 5 式（图 ⑮⑯）。

11. 跳步左踹腿：同第 6 式（图 ⑰⑱⑲）。

12. 马步左冲拳：同第 7 式（图 ⑳㉑）。

注：以上五式要点相同，拳式分左右，往反、反复练习。

13. 并步抱拳

身体立起，左脚向右脚并步；同时，左拳收至左腰侧，拳心向上；目视左方（图 ㉒）。

14. 并步直立：同预备式（图 ㉓）。

① ② ③ ④ ⑤

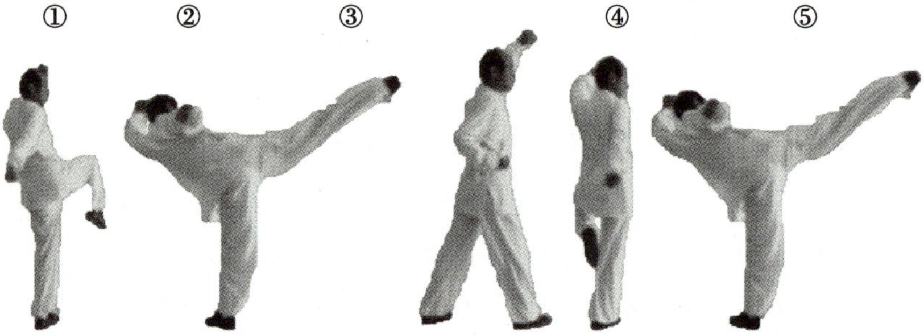

⑥ ⑦ ⑧ ⑨ ⑩

⑪ ⑫ ⑬ ⑭ ⑮

图 4–25

第七路　动作说明（图 4–26）

1. 预备式：同第一路（图①）。

2. 并步抱拳

两掌变拳收至腰两侧，拳心向上；同时，头左转，目视左方（图②）。

3. 马步左冲拳

左脚向左开步，两腿屈膝半蹲成马步；同时，左拳向左平冲成立拳；目视左方（图③）。

4. 左弓步右冲拳

身体左转成左弓步；同时，左拳收于腰左侧，拳心朝上；右拳向前平冲成立拳；目视右拳（图④）。

5. 左虚步冲拳

左脚蹬地后退半步，脚尖点地成左虚步；同时，左拳向前平冲成立拳，右臂内旋屈肘，右拳收向左胸前，拳心朝下；目视左拳

（图⑤）。

6. 上步垫步左挑拳

左腿落实，身体立直；左脚向前上半步，右腿屈膝提起向左脚后侧踏落，左腿挺膝前抬成垫步，随后左脚向前落地。同时，左拳先下落再上挑，拳高与肩平；目视前方（图⑥⑦）。

7. 按掌右歇步冲拳

（1）右脚向前上步；同时，左臂内旋，左拳变掌经上向右下圈按，小指一侧朝前；右拳收于腰右侧，拳心朝上；目视左拳（图⑧）。

（2）身体左转，右脚跟向右碾转；左脚经右腿后向右插步下蹲成右歇步；同时，左掌下按变拳抱于腰左侧，拳心朝上；右拳向右下方直臂冲出成立拳，高与腰平；目视右拳（图⑨）。

8. 翻身右弓步冲拳

（1）身体立起翻腰左转；同时，两臂伸直随翻身向左划圆抡摆（图⑩）。

（2）上体继续向左翻转；左腿挺直；右腿屈膝提起；同时，左拳收抱于腰左侧，拳心朝上；右拳随转体向前下按，拳轮朝前，略低于肩；目视前方（图⑪）。

（3）右脚向前上步成右弓步；同时，右拳收抱于腰右侧，拳心朝上；左拳向前平冲成立拳；目视左拳（图⑫）。

9. 马步右冲拳

身体左转成马步；同时，左拳收抱于腰左侧，拳心朝上；右拳向右平冲成立拳；目视右拳（图⑬）。

10. 右弓步右冲拳（图⑭）

11. 右虚步冲拳（图⑮）

12. 上步垫步右挑拳（图⑯）

13. 按掌左歇步冲拳（图⑰⑱）

14. 翻身左弓步冲拳（图⑲⑳㉑）

15. 马步左冲拳（图㉒）

以上6式与第4～9式动作要点相同，唯左右相反。

16. 并步抱拳

身体立起，左脚向右脚并步；左拳收至左腰侧，拳心向上；目视左方（图 ㉓）。

17. 并步直立：同预备式（图 ㉔）。

① ② ③ ④ ⑤

⑥ ⑦ ⑧ ⑨ ⑩

⑪ ⑫ ⑬ ⑭

⑮ ⑯ ⑰ ⑱ ⑲

⑳ ㉑ ㉒ ㉓ ㉔

图 4-26

第八路　动作说明（图 4-27）

1. 预备式：同第一路（图①）。

2. 并步抱拳

两掌变拳收至腰两侧，拳心向上；同时，头左转，目视左方（图②）。

3. 马步左冲拳

左脚向左开步，两腿屈膝半蹲成马步；同时，左拳向左平冲成立拳；目视左拳（图③）。

4. 左弓步右冲拳

身体左转成左弓步；同时，左拳收至左腰侧，拳心向上；右拳向前平冲成立拳；目视右拳（图④）。

5. 左丁步下栽拳

身体右转，重心移于右腿；左腿屈膝提起落向右脚内侧，脚尖点地成左丁步；同时，右臂屈肘，右拳变掌按于左肩前，掌尖朝上；左臂内旋，左拳随转体由后向上，经左耳前向左小腿外侧直臂下栽，拳心朝后；目视左拳（图⑤）。

6. 左弓步反劈拳

身体微左转，左脚向前上步成左弓步；同时，左拳随臂外旋经上向前划弧劈出，拳心朝上，高与肩平；目视左拳（图⑥）。

7. 转身马步右冲拳

右脚向前上步，身体左转成马步；同时，左拳收于腰左侧，拳心朝上；右掌变拳随转身向右平冲出成立拳；目视右拳（图⑦）。

8. 右弓步左冲拳（图⑧）

9. 右丁步下栽拳（图⑨）

10. 右弓步反劈拳（图⑩）

11. 转身马步左冲拳（图 ⑪）

以上 4 式动作与第 4 ～ 7 式相同，唯左右相反。

12. 并步抱拳

身体直起，左脚向右脚并步；左拳收至左腰侧，拳心向上；目视左方（图 ⑫）。

13. 并步直立：同预备式（图 ⑬）。

注：往反、左右式，反复练习。

图 4-27

第九路　动作说明（图 4–28）

1. 预备式：同第一路（图①）。

2. 并步抱拳

两掌变拳收至腰两侧，拳心向上；同时，头左转；目视左方(图②)。

3. 马步左冲拳

左脚向左开步，两腿屈膝半蹲成马步；同时，左拳向左平冲成立拳；目视左拳（图③）。

4. 右歇步对拳

（1）右脚经左腿前向左盖步；两拳变掌经前向上划弧上举，两手腕交叉，左掌在外；目视前方（图④）。

（2）身体下蹲成右歇步；同时，两掌经两侧弧向下分开，随即变拳屈肘护于胸前，拳轮相对，拳面朝上；目视左方（图⑤）。

5. 分掌左踹腿

身体直立，上体微前俯，右腿挺膝伸直；左腿屈膝提起，伸小腿勾脚尖向左上方踹出，脚外侧朝上；同时两拳变掌向左、右分推，拇指一侧朝下，掌尖朝前，左掌高与头平，右掌高与右肩平；目视左脚（图⑥）。

6. 左弓步右冲拳

上体直立，左脚向左侧落步，身体左转成左弓步；同时，左掌变拳收于腰左侧，拳心朝上；右掌变拳收于腰侧，向前平冲成立拳；目视右拳（图⑦）。

7. 压拳勾挂右趟腿

（1)右前臂外旋，右拳心翻向上，屈肘下压，高与膝平(图⑧)。

（2）右腿屈膝提起，甩小腿向左脚内侧的地面上挂踢，伸膝勾脚，脚跟着地；目视前方（图⑨）。

（3）身体左转，右脚内扣，右腿挺膝蹬直后趟；左腿屈膝成左弓步；目视前方（图⑩）。

8. 转身左挂腿

左脚蹬地，重心移于右腿，右腿挺直；身体右后转；同时，右拳收于腰右侧，拳心朝上；左腿屈膝提起，随转身甩小腿向右脚内侧的地面上挂踢，然后挺膝勾脚向前摆起；目视左方（图⑪）。

9. 左弓步架冲拳

左脚向左落步，身体左转成左弓步；同时，左拳下落经前向头上方架起，拳眼朝下；右拳向前平拳冲出，拳心向下；目视右拳（图⑫）。

10. 转身马步右冲拳

（1）右脚向前上步；同时，左拳变掌向前下按，小指一侧朝前，右拳收于腰右侧，拳心朝上；目视左掌（图⑬）。

（2）右脚微向前移步，身体左转成马步；同时，左掌下按变拳收抱于腰左侧，拳心朝上；右拳经左掌背上向右平冲成立拳；目视右拳（图⑭）。

11. 左歇步对拳（图⑮）

12. 分掌右踹腿（图⑯）

13. 右弓步左冲拳（图⑰）

14. 压拳勾挂左趟腿（图⑱⑲⑳）

15. 转身右挂腿（图㉑）

16. 右弓步架冲拳（图㉒）

17. 转身马步左冲拳（图㉓㉔）

以上 7 式动作与第 4 ~ 10 式相同，唯左右相反。

18. 并步抱拳

左脚向右脚并步；左拳收至腰左侧，拳心向上，目视左方（图㉕）。

19. 并步直立：同预备式（图㉖）。

①　②　③　④　⑤　⑥

图 4-28

第十路　动作说明（图 4-29）

1. 预备式：同第一路（图①）。

2. 并步抱拳

两掌变拳收至腰两侧，拳心向上；同时，头左转，目视左方（图②）。

3. 马步左冲拳

左脚向左开步，两腿半蹲成马步；同时，左拳向左平冲成立拳，目视左方（图③）。

4. 左弓步右冲拳

身体左转成左弓步；同时，左拳收至左腰侧，拳心向上；右拳向前平冲成立拳；目视右拳（图④）。

5. 左提膝上冲拳

（1）右脚向前跟半步；身体右转；左脚跟向外碾转，左腿微屈；同时，右拳收于右腰间，拳心朝上；左臂内旋，左拳随转身经身前摆至头上方，拳眼朝下；目视前方（图⑤）。

（2）左脚蹬地，左腿屈膝提起；同时，左臂外旋屈肘，左拳摆至右肩前，拳眼朝前；右臂内旋，右拳经左腕内向上冲出，拳心向左；目视左方（图⑥）。

6. 跳步右歇步抡劈拳

（1）左脚向左落步，脚尖外撇；身体左转；右脚跟向外碾转；同时，右拳自上向下抡摆；左拳随转身向下摆至左后方；目视前方（图⑦）。

（2）右脚蹬地前跳落地，身体左转；左脚经右腿后向右跳落，身体下蹲成右歇步；同时，两拳经左向上、向右划弧抡劈，拳眼朝上；目视右拳（图⑧）。

7. 翻身左弓步砸拳

（1）身体直起并向左转；同时，左拳下落经左向上直臂抡摆，右拳下落，两臂成一条斜线；目视左方（图⑨）。

（2）右脚跟、左脚掌碾地，两臂随身体向左翻转而抡摆，随后左脚向前上步成左弓步；同时，左拳摆至胸前变掌，掌心朝上；右拳随翻身砸落于左掌心中，拳心朝上，高与肩平；目视右拳（图⑩）。

8. 弹腿挑拳抄拳马步冲拳

（1）左腿挺直；右腿屈膝提起，伸小腿向前上方弹踢，脚面绷直，高与腰平；同时，左掌变拳收抱于腰左侧，拳心朝上；右拳向前上方挑起，拳心向下；目视前方（图⑪）。

（2）右脚向前落步；同时，右拳收抱于腰右侧，拳心向下；左拳沿右臂外侧向前上方抄起，高与肩平；目视左拳（图⑫）。

（3）右脚向前上半步，身体左转成马步；同时，左臂内旋，左拳翻下按，收抱于腰左侧，拳心朝上；右拳经左掌背上向右冲出成立拳；目视右拳（图⑬）。

9. 右弓步左冲拳（图⑭）

10. 右提膝上冲拳（图⑮⑯）

11. 跳步左歇步抡劈拳（图⑰⑱）

12. 翻身右弓步砸拳（图⑲⑳）

13. 弹腿挑拳抄拳马步冲拳（图㉑㉒㉓）

以上 5 式与第 4 ～ 8 式要点相同，动作分左右。

14. 收式

（1）身体直立，左脚向右脚并步；同时，左拳收抱于腰左侧，拳心朝上；头转向前，两目平视（图㉔）。

（2）两拳变掌，自然垂于大腿两侧（图㉕）。

① ② ③ ④ ⑤

图 4-29

单元六　四路查拳

第一段

1. 预备式

并步直立；眼平视前方（图 4–30）。

2. 并步按掌

两掌向两侧摆起，随即内翻圈按至两腿外侧，掌心朝下；目视左前方（图 4–31）。

3. 弓步按推掌（图 4–32）

（1）左腿屈膝后摆，脚背贴靠右膝窝，同时，右掌变拳抱于腰右侧，拳心朝上；左掌上摆；目视左掌（图①）。

（2）左脚向前上步，身体右后转；右腿屈膝成右弓步；同时，左掌下落随转身向前上撩，掌心朝下，掌尖朝右；目视左掌（图②）。

（3）身体左后转成左弓步；同时，左掌经上向前下按于左膝上，掌心朝下，掌尖朝右；右拳变掌向前推出成侧立掌；目视右掌（图③）。

图 4–30

图 4–31

①　②　③

图 4–32

4. 左虚步亮掌（图 4–33）

（1）左腿挺膝伸直，右腿屈膝提起，脚背靠左膝窝；同时，右掌按于左腋下，掌心朝下，左掌经右掌背上向左上方穿出，掌心朝上；目视左掌（图①）。

（2）右脚向右落步，右腿微屈，右掌向右平摆，掌心朝上；目视右掌（图②）。

（3）身体微左转；左脚向右前方上半步，脚尖点地成左虚步；同时，左掌向前下落变勾手后摆，右掌架于头右上方；目视左前方（图③）。

① ② ③

图 4–33

5. 提膝亮掌

右腿挺膝伸直；左腿屈膝提起；目视左前方（图 4–34）。

图 4–34

6. 上步并步屈肘对拳（图 4–35）

左脚向前落步，脚尖点地；右脚向前上步，脚尖点地，两掌下落向前上撩摆，掌心朝上；目视两掌。左脚向右脚靠拢；同时，两掌下落经两侧向上绕摆，经头两侧屈肘落向胸前对拳，拳心朝下，拳面相对；目视左前方（图①②③）。

①　　②　　③

图 4–35

7. 提膝勾手按掌（图 4–36）

右拳变掌向前推出，同时，左拳变掌，扶于右肘内侧成立掌；左腿屈膝提起，同时，左掌变勾手，经下向后撩摆，右掌按于左肩前，掌心朝下，上体左转并前倾；目视右掌（图①②）。

①　　②

图 4–36

8. 仆步穿掌弓步撩推掌（图 4–37）

（1）左脚向左上步，右腿微屈；同时，右掌经前向右上摆，掌心朝下，左勾手变掌，摆向右肩前，掌心朝下，掌尖朝后；目视右掌（图①）。

（2）左脚向左上半步；右腿屈膝下蹲成左仆步；同时，左掌向左脚背上穿出，右掌穿至左膝前，两掌拇指一侧朝上；目视左掌（图②）。

（3）右腿挺直，左腿屈膝成左弓步；同时，左掌上摆，掌心朝上，右掌经上向右后方抡摆，掌心朝下；目视左掌（图③）。

（4）身体左转，左掌按于左膝外侧，右掌收于腰间向前推出成侧立掌；目视右掌（图④）。

① ② ③ ④

图 4-37

9. 弹腿弓步推掌（图 4-38）

右掌沿顺时针缠绕一周变拳抱于腰右侧，拳心朝上，左腿挺直，右腿屈膝提起向前上方弹踢，左掌向前推出；目视右脚。右脚向后落步成左弓步；左掌按于左膝外侧，掌心朝下，右拳变掌向前推出；目视右掌（图①②）。

10. 转身仆步穿掌（图 4-39）

身体右转，右掌按于左腋下，掌心朝下，左掌经右掌背上向左上方穿出，掌心朝上；左腿屈膝下蹲，右腿伸出成右仆步；同时，左掌内翻变勾手成直臂反勾手，右掌沿右腿内侧向右脚背上穿出；目视右掌（图①②）。

① ②

图 4-38

① ②

图 4-39

11. 提膝勾手亮掌（图 4-40）

左腿挺直，右腿屈膝，右掌向前上穿出，左勾手变掌；身体右转；右腿挺直，左脚向前跟半步，脚跟抬起；同时，左掌经下向前上撩，右掌按于左腋下；身体左转，左腿屈膝提起，同时，左掌经上随转身变勾手后摆，右掌架于头右上方；目视左前方（图①②③）。

① ② ③

图 4-40

12. 丁步亮掌

左脚脚尖落于右脚内侧成左丁步；目视左前方（图 4-41）。

13. 左仆步亮掌

右腿屈膝下蹲，左腿向左伸出成左仆步；目视左前方（图 4-42）。

图 4-41

图 4-42

14. 仆步搂手弓步冲拳（图 4-43）

（1）右脚向左插步；同时，左勾手变掌向下，向左上摆，右掌落于腹前向上绕摆于左腋前，两掌拇指一侧朝上；左脚向左上步，同时，右掌经上向右抡摆，左掌向上摆至右肩前，两掌拇指一侧朝上；目视右掌（图①②）。

（2）右腿屈膝全蹲成左仆步；同时，左掌沿左腿内侧向左脚背上穿出；右腿挺膝直立，左腿屈膝半蹲成左弓步；身体左转，左掌向左搂手变拳抱于腰左侧，拳心朝上，右掌变拳收于腰右侧向前冲出成平拳；目视冲拳（图③④）。

图 4-43

15. 弹腿冲拳

左腿挺膝伸直，右脚向前弹踢，右拳抱于腰右侧，拳心朝上，左拳向前冲出成平拳；目视左冲拳（图 4-44）。

图 4-44

16. 跃步仆步搂手冲拳（图 4-45）

（1）右腿屈膝；同时，左掌变勾手经下向后摆，右拳变掌摆于左肩前立掌；左脚蹬地跳起，身体腾空右转；左腿屈膝后撩，同时，右掌经前向上、向右抡摆成立掌，左勾手变掌向下、向前上绕摆于头左上方，掌心朝上，掌尖朝右；目视右掌（图①②）。

（2）右脚落地，右腿屈膝下蹲，左脚向左侧落步，左腿伸出成左仆步；同时，右掌上挑；左掌沿左腿内侧向左脚背上穿出，然后小指一侧朝上；身体左转成左弓步；同时，左掌向左侧搂手变拳抱于腰左侧，拳心朝上；右掌变拳收于腰右侧，向前冲出成平拳；目视右冲拳（图③④⑤）。

图 4-45

17. 转身丁步勾手挑掌（图 4-46）

（1）左脚向后退半步，身体右转；同时，右拳变掌向上、向右抡摆，左拳变掌向下、向左上方摆起，掌心朝上；身体右转；右掌落向腹前向上摆于左腋下，掌心朝下，左掌经上向前抡摆，掌心朝下；目视左掌（图①②）。

（2）左腿向前提起，脚尖点靠右脚内侧，两腿屈膝成左丁步；同时，左掌向下、向后撩变勾手，右掌下落向前上挑起成侧立掌；目视右掌（图③）。

图 4-46

第二段

18. 垫步分掌（图 4-47）

（1）左脚向前上半步，右脚抬起向后踏地，左抬落步；同时，左勾手变掌，两掌向前上摆至与肩平；掌心朝下；目视前方（图①②③④）。

（2）右脚向左脚并靠，同时，两掌经上向两侧绕摆，收于腰间，掌心朝前，掌尖朝下；目视前方（图⑤⑥）。

图 4–47

19. 弓步推掌（图 4–48）

右腿屈膝提起，左掌向前上方推出，掌尖朝右；右脚向前上步成右弓步；同时，身体左转；左掌收抱于腰左侧，掌心朝上；右掌向前推出成侧立掌；目视右推掌（图①②）。

图 4–48

20. 后跃步弓步推掌（图 4–49）

（1）右腿屈膝提起，右掌收抱于腰右侧，左掌向前上方推按，掌尖朝右；右腿屈膝后摆，左脚蹬地向后跳起；目视左前方（图①②）。

（2）两脚向后落地成右弓步；同时，左掌收抱于腰左侧，掌心朝上，右掌向前推出成侧立掌；目视右推掌（图③）。

① ② ③

图 4–49

21. 转身并步架按掌（图 4–50）

身体左转成左弓步；同时，左掌下落向左上方抡摆，拇指一侧朝上，右掌下落随转身向前上撩摆，掌心朝下；身体右转，右脚向左脚并靠成并步；同时，右掌架于头右上方，左掌经头左侧按于腹前，掌心朝下，掌尖朝右；目视左前方（图①②）。

① ②

图 4–50

22. 转身腾空蹬腿冲拳（图 4–51）

（1）身体左转，左脚向前上步，右掌向右下摆，掌心朝下；左掌向左平摆，掌心朝下；右脚向前上步；左掌拇指朝上；左腿向前上摆，左掌变拳抱于腰左侧，拳心朝上；右掌收于腰右侧向前上撩，拇指向上；目视右掌（图①②③）。

（2）右脚蹬地跳起，挺膝勾脚向前上方蹬出，右掌变拳抱于腰间，拳心朝上，左拳向前冲出成立拳；目视左冲拳（图④）。

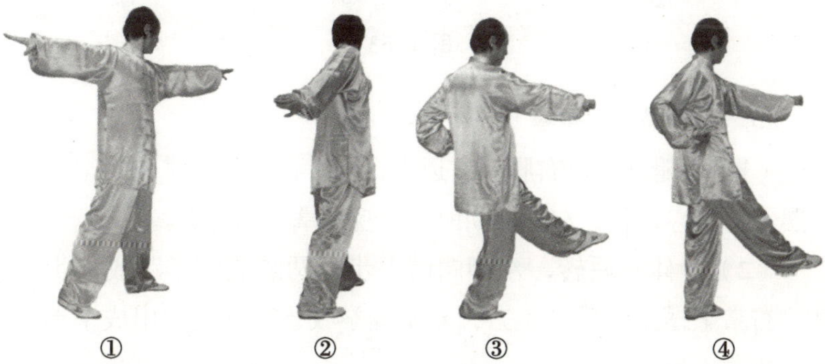

图 4–51

23. 右弓步冲拳

左脚落步，身体左转；右脚向前上方蹬出，同时，左掌变拳抱于腰间，拳心朝上；右拳向前冲出成平拳；目视右冲拳（图 4–52）。

图 4–52

24. 左歇步砸拳（图 4–53）

（1）右拳变掌摆于左腋下，掌心朝下，掌尖朝左；左拳变掌经右臂上插于腹前右侧，掌心朝下，掌尖朝右；目视左前方（图①）。

（2）右脚微向左移步，脚跟抬起；同时，左掌右向上、向左抡摆，右掌向下、向右抡摆，两掌心朝下；目视左掌（图②）。

（3）右脚向左插步，两腿屈膝下蹲成歇步；同时，左掌摆至左膝外侧，掌心朝上，右掌向前下砸击左掌心；目视左前方（图③）。

①　　②　　③

图 4-53

25. 转身马步架冲拳（图 4-54）

（1）左腿立直，右脚向右迈步，同时，右拳变掌，两掌向两侧上摆，右掌心向后，左掌心朝前；目视右掌（图①）。

（2）身体右后转，左脚向前上步，两腿屈膝半蹲成马步；同时，右掌上摆架于头右上方，左掌变拳收于腰向左冲出成平拳；目视左冲拳（图②）。

①　　②

图 4-54

26. 左丁步亮掌（图 4-55）

（1）身体微左转，右脚向左脚内侧跟步，左拳变掌收于右腋下，掌心朝下，掌尖朝右，右掌向前下摆；目视右掌（图①）。

（2）右脚向右移步，身体右转；同时，右掌经上向右抡摆，左掌经下向左抡摆，两掌拇指朝上；目视右掌（图②）。

（3）左腿提起，脚尖点靠于右脚内侧，两腿屈膝半蹲成左丁步；同时，右掌收抱于腰右侧，掌心朝上，左掌经前向右绕摆，掌心朝下，掌尖朝右；目视左掌（图③）。

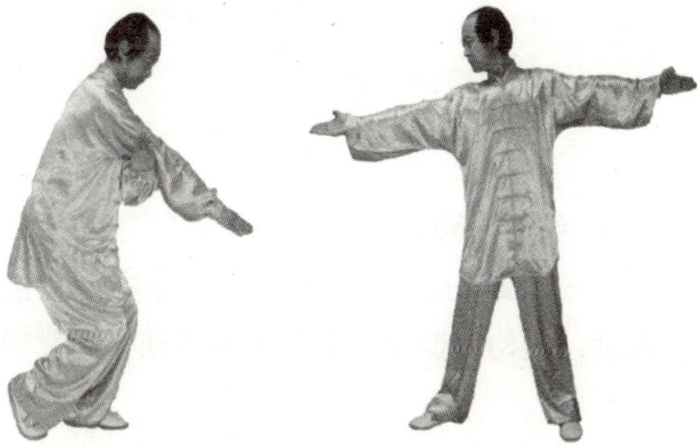

①　②　③

图 4–55

27. 横裆步勾手亮掌

左脚左上步成右横裆步；同时，左掌经上向左抡摆变勾手，右掌经右上摆，掌心朝上，掌尖朝左；目视左前方（图 4–56）。

图 4–56

28. 左丁步挑掌（图 4–57）

（1）身体右转；左脚向前上步，同时，右掌摆于左腋下，掌心朝下，掌尖朝左；左勾手变掌，随转身向上向前绕摆，掌心朝下，掌尖朝前；目视左掌（图①）。

（2）左腿提起，脚尖点地靠于右脚内侧，两腿屈膝半蹲成左丁步；同时，左掌下落变勾手向后撩摆；右掌向前上挑起成侧立掌；目视右掌（图②）。

①　　②

图 4-57

第三段

29. 弧行步转身腾空飞脚（图 4-58）

（1）左脚向前落步，右脚抬起向左脚后方落步，左脚抬起向前落步，右脚向前上步；同时，左勾手变掌，右掌下落后摆，两掌拇指相对（图①②③④）。

（2）左腿屈膝向右上方扣摆，右脚蹬地跳起，身体腾空右转；同时，两掌经两侧摆向头上方击响；右脚向前上方弹踢，右掌击拍右脚背；目视右掌（图⑤⑥）。

①　②　③

④　⑤　⑥

图 4-58

30. 弓步搂手推掌（图 4–59）

（1）左脚落地，右脚向前上步，脚尖外撇；左脚向前上步；身体右后转，同时，右掌经上向右抡摆，左掌经下向前上撩，两掌心朝上；目视右掌（图①②）。

（2）左脚向左后方上步，身体左转成左弓步；同时，左掌收于胸前向左腿外侧搂摆，掌心朝下，掌尖朝前；右掌收于腰右侧，向前推出成侧立掌；目视右掌（图③）。

①　②　③

图 4–59

31. 转身左步挑拳（图 4–60）

（1）右掌落向左膝前，掌心朝上，左掌扶于右肘内侧，掌心朝下，掌尖朝右；身体右转，同时，左掌经右手腕上插出，随转身摆于胸前上方，掌心朝下；目视两掌（图①②）。

（2）左腿屈膝后撩，同时，两掌经头上摆向两侧，掌背向上；左脚向前上步，脚尖点地，两腿屈膝半蹲成左虚步；同时，左掌落于胸前，拳心朝上，右掌变拳下落左腿外侧向前上挑起，拳心朝前，拳面朝上；目视右拳（图③④）。

①　②　③　④

图 4–60

32. 蹬腿劈打弓步冲拳（图 4–61）

（1）左脚向前上步成左弓步；同时，右拳向前冲出成立拳；左拳变掌扶于右肘内侧成立掌。左腿挺膝立直；右腿屈膝提起，挺膝勾脚向前上摆出，左掌前推成立掌，右拳摆向头右侧，拳心朝前，拳面朝上；目视左掌（图①）。

（2）右脚向前上步成右弓步；同时，左掌摆于胸前右侧成立掌，右掌向前下劈；右拳抱于腰右侧，拳心朝上；同时，左掌经胸前向下、向前上方推出，掌心朝前，掌尖朝右；右拳向前冲出成立掌；同时，左掌下落扶于右肘内侧成立掌；目视前方（图②③④⑤）。

①　②　③　④　⑤

图 4–61

33. 插步马步架冲拳（图 4–62）

（1）左脚向右脚左侧上步，右脚向左插步；同时，左掌向左平摆成侧立掌，右掌摆于胸前左侧成立掌，身体右转，左脚向左后出步成右弓步；同时，右掌经前向右搂手变拳抱于腰间，拳心朝上；左掌收于腰左侧向前上推出；目视左掌（图①）。

（2）身体左转成左弓步；同时，右拳变掌向左前下方插出，小指朝上，左掌扶于右肩前成立掌；身体右腿屈膝半蹲成马步；同时，右掌架于头右上方，左掌变拳向左冲出成平拳；目视左拳（图②③）。

①　②　③

图 4-62

34. 并步双勾手（图 4-63）

右脚向前上步，身体身右转，同时，左拳变掌，两掌摆于两肩上；左脚向右脚并靠成并步；同时，两掌下落勾手后摆；目视左前方（图①②）。

35. 转身右横裆步撞掌（图 4-64）

左腿向左上步，身体左转；同时，两勾手变掌向两侧上方摆起，拇指朝上。身体左转；右脚上步成右横裆步；同时，两掌摆向前下方相撞，掌根相对，掌心朝前；目视两掌（图①②）。

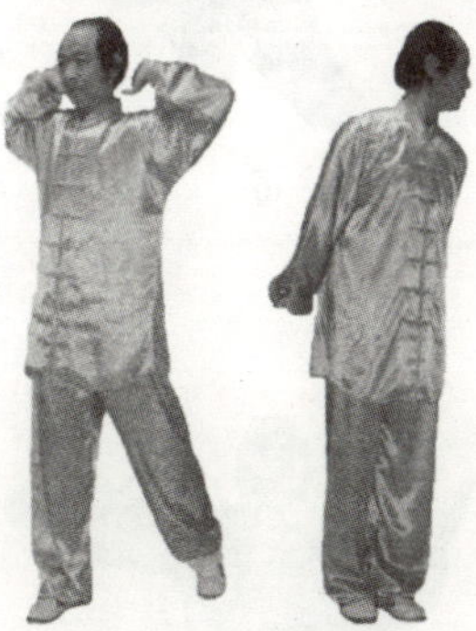

①　②

图 4-63

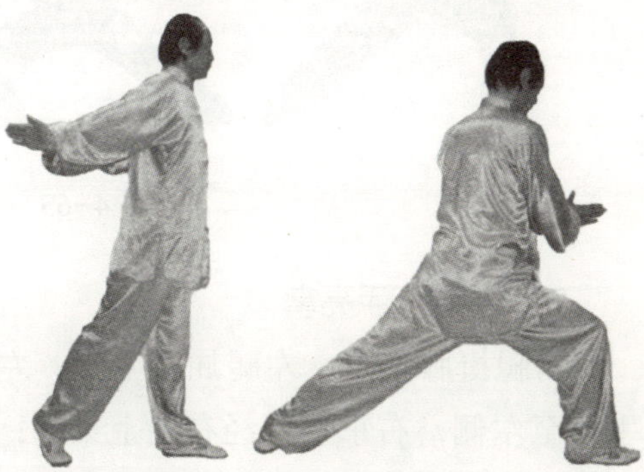

①　②

图 4-64

36. 退步撩掌虚步勾手按掌（图 4-65）

身体左后转，左脚向后撤步，同时，两掌随转身两侧上撩，掌心朝上；连续后退三步，上体动作一致。右脚向后撤步成左弓步；

同时，左掌收于腰左侧向前上穿出，掌心朝上，右掌按于左肩前，掌心朝下；身体右转成右弓步；同时，右掌下落转身向右上方撩起，掌心朝上；身体左转；左脚后撤半步，脚尖点地成左虚步；同时，左掌勾手，勾尖朝下，右掌经上向前下按于左肘内侧成立掌；目视左勾手（图①②③④⑤⑥）。

①　②　③　④　⑤　⑥

图 4-65

37. 提膝勾手亮掌

右腿挺膝伸直，左腿屈膝上提，左勾手摆至左侧，右掌下落经右向上架起；目视前方（图 4-66）。

图 4-66

第四段

38. 行步抄掌右拍脚（图 4-67）

（1）左脚向前落步，上体左转；右掌下落经腰右侧向前上抄起，掌心朝后，掌尖朝上；右脚向前上步，右掌经上向后绕摆，掌心朝下；左勾手变掌下落经腰左侧向前上抄起，掌心朝后，掌尖朝上（图①②③）。

（2）左脚向前上步，左掌经上向后绕摆，掌心朝下，右掌落于腰右侧向前上抄起，掌心朝后；右腿屈膝提起向前上弹踢，同时，右掌拍击右脚背；左掌摆至头左上方成立掌；目视右掌（图④⑤）。

① ② ③ ④ ⑤

图 4 67

39. 右弓步前后冲拳（图 4-68）

右脚向前上步成右弓步；同时，两掌变拳抱于腰两侧，拳心向上；身体左转，两拳向前后两侧同时冲出成平拳；目视前冲拳（图①②）。

① ②

图 4-68

40. 左歇步对拳（图 4-69）

右脚向左腿后插步，左脚向左上步；同时，两拳下摆于腹前交叉，两拳心朝后；右脚向左后插步，两腿屈膝蹲成歇步；同时，两拳上举，经头上向两侧下摆，屈肘，两拳摆于胸前对拳，拳背朝前；目视左前方（图①②③④）。

①　②　③　④

图 4-69

41. 分掌左踹腿

右腿挺膝直立，上体向右前倾；左腿屈膝提起并向左上方踹出；同时，两拳变掌向两侧分推，小指朝上；目视左前方（图 4-70）。

图 4-70

42. 搂手弓步推掌（图 4-71）

（1）左腿屈回，同时，右掌变拳抱于腰间右侧，拳心朝上，左掌经头上按于右肩前成立掌；左脚左落脚，左掌向左平搂，小指朝上；目视左掌（图①②）。

（2）身体左转，左脚向前上半步成左弓步；同时，左掌搂手变拳抱于腰间，拳心朝上；右拳变掌向前推出；目视右掌（图③）。

①　②　③

图 4-71

43. 弹腿冲拳

左腿挺膝直立，右腿提起向前上方弹踢，右掌变拳抱于腰间，拳心朝上，左拳向前冲出成平拳；目视左冲拳（图 4–72）。

图 4–72

44. 转身上步勾手挑掌（图 4–73）

（1）右脚向后落脚，同时，左拳变掌摆于右腋下，掌背靠于右臂外侧，右拳变掌经左臂上向前插出，掌心朝下；身体右后转，右掌经上向前抡摆，收于左腋下，掌心朝下，掌尖朝左；左掌经上向前抡摆，掌心朝下；目视左掌（图①②）。

（2）左腿提起，脚尖点靠于右脚内侧，两腿屈膝半蹲成左丁步；同时，左掌下落变勾手后撩，右掌向下，向前上挑；目视右掌（图③）。

① ② ③

图 4–73

45. 震脚半蹲砸拳（图 4–74）

左脚向前上步，右脚跟抬起向左脚后踏落，左腿前摆落步，右脚跟抬起；同时，左勾手变掌经下向前上摆，掌心朝上，右掌经下向后上摆；右脚向左脚并靠，震脚，两腿屈膝半蹲；同时，左掌落于胸前，掌心朝上，右掌变拳砸于左掌心；震脚与砸拳同时做成；

目视右拳（图①②③④）。

① ② ③ ④

图 4-74

46. 跃步转身搂手弓步冲拳（图 4-75）

（1）左掌变勾手后摆，右拳变掌，经膝前摆于胸前左侧成立掌；右腿屈膝上摆；左脚蹬地跳起；身体右后转，同时，右掌经前向上，向右下方抡摆，左勾手变掌下落经身前上绕摆；目视右掌（图①②③）。

（2）右脚落地，右腿屈膝下蹲，左腿向左伸出成左仆步；左掌落经右肩前向下、向左脚背上搂摆，小指朝上眼看左掌；身体左转，成左弓步；同时，左掌向左搂手变拳抱于腰间，拳心朝上，右掌收于腰右侧向前推出成侧立掌；目视右掌（图④⑤⑥）。

① ② ③ ④ ⑤ ⑥

图 4-75

47. 推掌弹踢

左腿挺膝直立，右腿提起向上方弹踢；右掌收于腰间，掌心朝上，左拳变掌向前推出成侧立掌；目视左掌（图 4–76）。

48. 左弓步削掌

右脚向后落步成左弓步；同时，左掌收抱于腰间，掌心朝上，右掌向前平削，掌心朝下，掌尖朝左；目视右掌（图 4–77）。

图 4–76

图 4–77

49. 丁步勾手亮掌（图 4–78）

右掌收于腋下，掌心朝下，左掌经右掌背上向前穿出，掌心朝上，掌尖朝前；身体右转；左脚尖收于右脚内侧，两腿屈膝半蹲成左丁步；同时，左掌摆至左肩上，掌心朝上，掌尖朝后；右掌收于左肩前成立掌；左掌向前下落变勾手后摆，右掌下落经右向上架起；目视左前方（图①②③）。

①　②　③

图 4–78

50. 左虚步冲拳（图 4–79）

上体右转，右腿挺膝直立，左脚向前上半步，脚尖点地；同时，右掌向右下摆，左勾手变掌向左摆，两掌心朝下；上体左转；两腿屈膝半蹲成左虚步；同时，右掌收，经腰右侧变拳向前冲出成平拳，左掌摆于右肘内侧，掌心朝下，掌尖朝右；目视右拳（图①②）。

①　②

图 4–79

51. 并步抱拳（图 4–80）

右腿直立，在脚跟抬起；同时，两掌向前平摆，掌心朝上；右脚向左脚并靠成并步；同时，两掌变拳抱于腰两侧，拳心朝上；目视左前方（图①②）。

52. 收式

两拳变掌下垂于体两侧，头向右转；两目平视前方（图 4–81）。

①　②

图 4–80

图 4–81

单元七　查拳门古传——截手剑

“截手剑”是李氏查拳门独门剑法，被李氏誉为“看家剑”，是查拳门十路查剑稀有剑术、剑法之一。它始创于明嘉靖年间，由李氏查拳代表人李恩聚先祖李正天创编。其演练风格如同李氏查拳，具有套路剽悍，刚劲有力；剑法结构严谨，剑术连贯敏捷；攻之如猛虎，守之如处子；身体协调顺畅，剑法力点清晰等特点，呈现出身剑完整一体，形神兼备、内外合一的李氏演练风格。

截手剑技法主要有格、洗、截、刺、劈、云、穿、点、撩、崩、挂、绞、斩、扫等剑法，进攻与防守重点为上、中、下三盘。截手剑，顾名思义，主要突出“截”字。截：切断，截止。截击：半路上拦击，在中途阻拦，不让通过，截住。从字义上不难看出，“截”在剑法中的实用价值。截手剑在进攻时，采用单手握剑，以加快进攻速度为目的；在防守时，根据对方击打位置，采用单、双手合用，既攻又防。这是它不同于其他剑术的最大技法特点。此套剑法为李恩聚先生晚年所传授。全套共分四段，88个动作。

第一段（图 4-82）

预备式：并步直立。

并步直立，面向前方；左手反握剑柄持剑，剑身垂直紧贴靠于前臂内侧，剑尖向上；右手五指并拢，贴靠于腿右外侧，目视前方（图①）。

要点：头正颈直，下颌微收，挺胸收腹，精神饱满。

1. 虚步穿指

接上式，两脚原地并步不变；身体左转，右掌变剑指，由身右侧向左摆动（图②）；随即左手握剑，由身左侧摆向胸前屈肘，右手摆至体右侧屈肘（图③）；左腿向前迈步，重心移至右腿，左腿屈膝半蹲成虚步，同时，右手剑指前穿，指心向上，剑指朝前；目视前方（图④）。

要点：穿指要快，力达剑指，目视剑指。

2. 并步亮指

接上式，左脚踏实，右脚向右上步成半马步；同时，剑指摆向身体右侧与肩平（图⑤）；两腿挺膝立直，左腿向右内侧迈靠成并步；同时，右剑指向上绕摆至右上方，剑指直臂高于头顶；左手握剑摆向左背后，剑尖向上；目视左方（图⑥）。

要点：摆指并步、转头协调一致。

3. 开步摆把

接上式，左腿向左开步，重心移至右腿，右腿屈膝成弓步；左手持剑由左向右摆至胸前；同时，右剑指由上摆至右腰侧；目视前方（图⑦）。

要点：左脚迈步与左臂摆动同时完成。

4. 接剑弹踢

接上式，身体左转，成左弓步；剑随转动摆向左腰间；同时，右臂随转动摆至左腰间，剑指变掌接剑（图⑧）；重心移至左腿，左腿微屈膝，右腿提起向前屈膝弹踢；目视左前方（图⑨）。

要点：身体稳固，弹不过膝，力达脚尖。

5. 半马步斩刺剑

接上式，右脚回落，身体右转，成半马步；同时，右手持剑随转身向右平斩，左掌变指摆向左上方（图⑩）；右臂内旋回带于胸前，剑尖向右，左剑指由左上摆至剑柄处（图⑪）；右手握剑向右前立刃刺出，同时，剑指摆向左上方；目视右方（图⑫）。

要点：上肢转动要灵活，下肢稳固，力达剑尖。

6. 转身劈剑半马步提剑

接上式，身体左转，重心前移，成左弓步；右臂向上向左绕摆，左剑指变掌握柄，向左下劈击（图⑬）；身体重心后移，成半马步；同时，右手在前，左手在后，双手握剑；内旋回带至头右侧，剑尖斜向左下方；目视左前方（图⑭）。

要点：转身协调一致，劈剑力达剑刃。

7. 回身带剑

接上式，重心右移，身体右转成右弓步；同时，右手握剑外旋，向右后带剑高于头部，剑尖斜向左下方；左手变剑指，摆至左前方与肩平；目视右上方（图⑮）。

要点：拧腰转胯，带剑撂首，用力协调。

8. 并步下刺剑

接上式，身体左转，重心移至左腿；右脚向左脚迈靠震脚成并步；同时，随转身双手握剑，向前下方立刃刺出；目视前下方（图⑯）。

要点：震脚用力，刺剑快速，力达剑尖。

9. 右弓步格架剑

接上式，抖腕立剑，右脚向右方上步成弓步；同时，双手握剑，抖腕立剑，剑尖向上，向左、向下绕摆，随上步向右上方格架；目视前方（图⑰）。

要点：格架剑与上步同时完成，身剑协调一致。

10 丁步抱剑

接上式，重心移至右腿上，左脚向右腿内侧上步，脚尖点地成丁步；同时，双手握剑，内旋回带收于腹前，剑尖向上；目视左前方（图⑱）。

要点：上步与收剑同时完成，支撑腿稳固。

11. 左弓步推架剑

接上式，左腿向左上方迈步成弓步；双手握剑，剑尖下摆，随左上步向前绕摆推架至左上方；目视左上方（图⑲）。

要点：推架剑与上步同时完成。

12. 右弓步刺剑

接上式，双手握剑外旋回带于右腰侧；同时，重心移至左腿上，右腿向前迈步成右弓步；右手握剑向前立刃刺出，左剑指经腹前摆至左后，高于头部；目视前方（图⑳）。

要点：上步与刺剑同时完成，快速有力，力达剑尖。

13. 弓步左右拦点剑

接上式，弓步不动，右手握剑向左绕摆拦剑，左剑指摆至左上方（图㉑）；随即，剑身由左向右绕摆拦出，左剑指摆至左下方（图㉒）；剑尖上挑，抖腕下点，左剑指摆至左上方；目视点剑（图㉓）。

要点：拦剑快速有力，动作协调一致，点剑抖腕有力，力达剑尖。

14. 纵跳步点刺剑

接上式，重心移至右腿，左脚向右脚跟步；身体腾空，同时，右手握剑，剪腕花向前点剑（图㉔）；纵跳成右弓步，同时，右手握剑向前立刃刺出，左剑指摆至左上方，目视前方(图㉕）。

要点：击步要快，纵步要远，点、刺剑有力，力达剑尖。

15. 并步按剑

接上式，重心移至右腿，左腿向右腿内侧并靠，两腿屈膝半蹲；同时，右手握剑剪腕花收按于右腿外侧，左剑指摆按左腿外侧；目视前方（图㉖）。

要点：剪腕花、并步、按剑协调一致。

16. 跳步点剑

接上式，两脚用力蹬地，身体腾空，左腿屈膝上提，脚面绷平；同时，右手握剑上摆点剑，左剑指摆至左上方；目视点剑（图㉗）。

要点：蹬地有力，点剑快速，力达剑尖。

17. 弓步带剑

接上式，右、左脚依次落地，右腿向后迈步，重心移至右腿成弓步；右手握剑，随重心后移右腕外旋，提至与肩平，剑尖斜向下方，左剑指摆按至右腕处；目视左前方（图㉘）。

要点：右臂撑圆，力达剑身。

18. 弓步刺剑

接上式，重心移至左腿，右腿向左上步成右弓步；同时，右手握剑摆至右腰侧，随即立刃向前刺出，左剑指摆至左上方；目视前方（图㉙）。

要点：刺剑快速有力，力达剑尖。

19. 插步下截剑

接上式，重心移至右腿上，左脚向右腿后插步；同时，右手握剑向上、向左、向下绕摆下截，左剑指摆至左上方；目视右下方(图㉚)。

要点：插步截剑，身体要协调一致。

20. 转身云剑

接上式，双手握剑，剑由下向左上摆动；身体左转，身体微仰，两脚碾转；双手上举，剑由左向右摆绕一周，目随云剑，收至腹前；目视左前方（图㉛）。

要点：云剑、转身协调一致。

21. 右跪步扫剑

接上式，左腿向左迈步，重心移至左腿，右腿微屈膝成半跪步；同时，右手握剑，由上向下、向斜上方扫出，左剑指摆至左后侧；目视扫剑（图㉜）。

要点：扫剑有力，身体微前倾。

22. 剪腕花跃步上刺剑

接上式，右手握剑，剑尖下摆，以腕为轴，成立圆绕摆一周；同时，重心移至左腿，右腿向前跃步腾空（图㉝）；左、右步依次落地成跪步，双手握剑摆收至头右侧，向左上方立刃刺出；目视左方（图㉞）。

要点：剪腕花、上步快速，刺剑有力。

23. 提膝上截剑

接上式，重心移至右腿，右腿挺膝，身体立起；左腿屈膝提起，脚尖朝下，脚面绷紧；同时，双手握剑上举，由右向左在头上方云摆一周，向右上方截击，目视剑尖（图㉟）。

要点：支撑腿稳固，截剑身体顺势前倾，力达剑尖。

24. 转身左弓步劈剑

接上式，身体左转，左腿向左落步成弓步；双手握剑，随转身向左劈击；目视左前方（图㊱）。

动作要点：转身劈剑要有力，身体协调。

25. 半马步提剑

接上式，重心移至右腿，身体微右转，右腿屈膝半蹲成半马步；剑随转身回带，剑尖斜向下方，双手上提；目视前方（图㊲）。

动作要点：半马步沉稳，带提剑要快速。

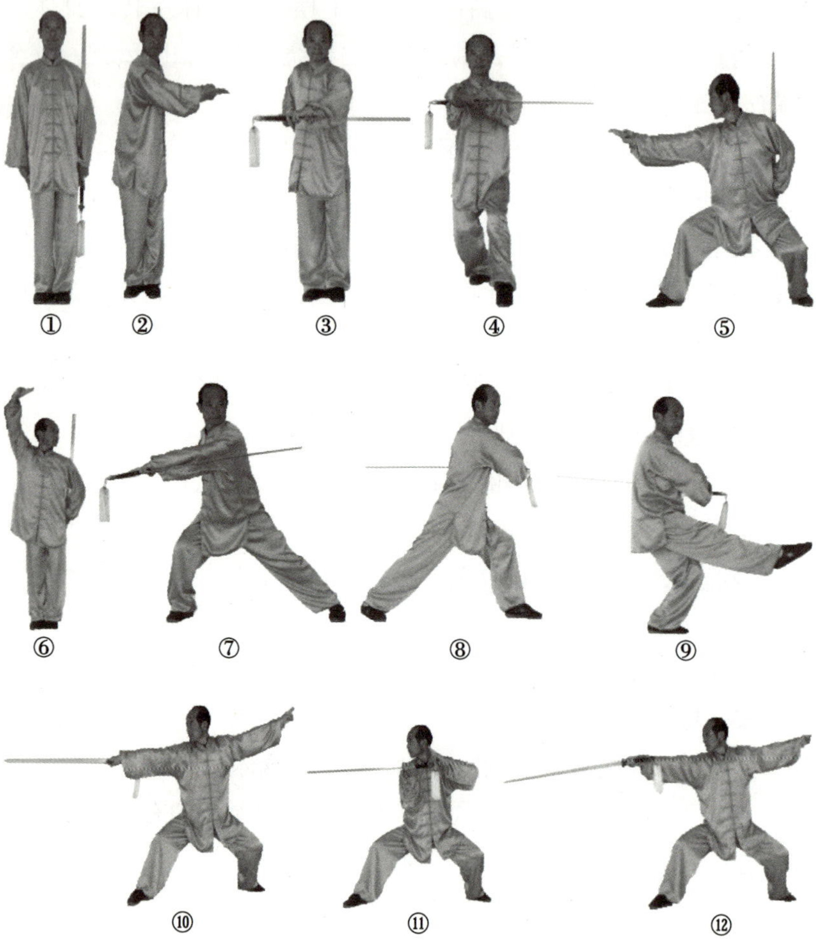

⑬

⑭

⑮

⑯

⑰

⑱

⑲

⑳

㉑

㉒

㉓

㉔

㉕

㉖

㉗

㉘

㉙

图 4-82

第二段（图 4-83）

26. 并步下刺剑

接上式，身体立起，重心移至左腿，右腿向左腿内侧并靠震脚，两腿屈膝微蹲；同时，双手握剑随上步下刺；目视前下方（图 ㊳）。

动作要点：震脚、下刺有力。

27. 并步崩剑

接上式，身体不动，双手握剑抖腕上崩，剑尖斜向上；目视前方（图 ㊴）。

动作要点：抖腕有力，力达剑身。

28. 挖行步点剑

接上式，左右五脚趾抓地，以前脚掌为力点；右腿向前迈步，左脚向前迈步；左右交替，向前三步；同时，双手握剑立刃，点剑三次；目视点剑（图㊵㊶㊷）。

要点：挖行步两腿微屈膝，行走要连贯，与剑协调一致。

29. 跃步刺剑

接上式，重心移至右腿，左腿垫步，身体腾空，左、右腿依次落地，右腿向前迈步成弓步；同时，右手握剑回带，立刃向前刺出，左剑指经体左侧摆向左后侧，高于头部；目视前方（图㊸㊹）。

动作要点：上步、刺剑同时完成，力达剑尖。

30. 提膝挂剑

接上式，身体左转，重心移至右腿，左腿屈膝自上提起，向前落步；同时，右手握剑外旋拧臂上举，经上向前、向后体左侧立圆挂剑，左剑指摆至右腕内侧；目视前方（图㊺）。

动作要点：挂剑贴身，行剑走圆，身体微倾。

31. 转身穿剑

接上式，身体右转，右腿向右上步成弓步；同时，右手握剑上举，随身体右转，向下、向右立刃穿出，左剑指摆至左侧；目视穿剑（图㊻）。

要点：转身与穿剑协调一致。

32. 提膝提剑

接上式，重心移至右腿，身体立起左转，左腿屈膝提起，脚面绷平，同时，右手握剑，由下向上反腕屈肘，摆至头右侧，剑尖斜向下方，左剑指成前指；目视前方（图㊼）。

要点：站立要稳固。

33. 高虚步截剑

接上式，左腿向前落步成高虚步，上体微后仰；右手握剑。由头右内旋云摆向前截剑，剑尖向前；随即左剑指摆至左上方；目视前方（图㊽）。

要点：截剑快速有力，支撑腿稳固。

34. 右弓步刺剑

接上式，重心移至左腿，右脚向前上步成右弓步；同时，右手握剑向左绕摆回带，收至右腰侧，剑尖向前，立刃向前刺出，左剑指摆至左侧上方；目视前方（图㊾）。

要点：刺剑快速有力，力达剑尖。

35. 插步反撩剑

接上式，身体左转成左弓步；右手握剑随转身回带上举；左腿向右腿后插步，右手握剑随插步向上、向左、向后绕摆立圆，反臂向上撩击；左剑指摆至左上方；目视撩剑（图㊿）。

要点：插步、撩剑同时完成，身体协调一致。

36. 转身云剑

接上式，身体左转，身体立起；同时，右手握剑，以腕为轴随转体向前、向后在头上方平绕一周，左手剑指附于右臂内侧；目随云剑，摆收腹前，剑尖向前；目视前方（图51）。

要点：转身与云剑同时完成，身体要协调。

37. 歇步下刺剑

接上式，重心移至左腿，右腿向左腿后插出，两腿屈膝全蹲成歇步；同时，右手持剑向前下方刺出，手心向上，左手变剑指摆向左上方；目视刺剑（图52）。

要点：歇步全蹲与刺剑同时完成。

38. 左提膝撩剑

接上式，身体立起，右腿向右上步；同时，右手握剑回带外旋拧臂，由下向上撩击，左手剑指摆至左上方；同时，重心移至右腿，左腿屈膝提起，脚面绷平；目视撩剑（图53）。

要点：提膝、撩剑同时完成，力达剑刃，支撑腿稳固。

39. 右提膝平抹剑

接上式，左腿向前落步，重心移至左腿；右手握剑收摆至左腰侧成立剑，左剑指按于右腕上（图 ㊿）；右手握剑内旋拧臂，右腿屈膝上提，脚面绷平；同时，右握剑向右方平抹剑，左剑指后摆；目视前方（图 55）。

要点：抹剑、摆指同时完成，支撑腿稳固。

40. 右弓步刺剑

接上式，右腿向前落步成右弓步；左右臂后摆至身体两侧；同时，右手握剑向前立刃刺出，左剑指摆至右腕上；目视刺剑（图 56）。

要点：刺剑有力，力达剑尖。

41. 提膝劈剑

接上式，重心移至左腿，身体左转；右手握剑内旋拧臂，剑尖向下，向左摆穿上举；重心移至右腿，左腿屈膝提起，脚面绷平；同时，右手握剑由上向下劈击，左剑指摆至左上方；目视劈剑（图 57）。

要点：提膝劈剑，力达剑前端，支撑腿稳固。

42. 右弓步刺剑

接上式，左腿向后落步，右腿向前上步成右弓步；同时，右手握剑，回带至右腰侧立刃前刺，左剑指摆至左上方；目视前方（图 58）。

要点：分步与前刺同时完成，前刺力达剑尖。

43. 转身弓步劈剑

接上式，身体左转，重心移至左腿成左弓步；同时，右手握剑内旋拧臂，随转身向左劈击，左剑指变掌握于剑柄；目视左方（图 59）。

要点：劈剑快速有力，力达剑刃。

44. 半马步提剑

接上式，重心移至右腿，身体微右转，右腿屈膝半蹲成半马步；剑随身回带，剑尖斜向下方，双手上提；目视前方（图 60）。

要点：半马步接近水平，身体稳固。

㊳

㊴

㊵

㊶

㊷

㊸

㊹

㊺

㊻

㊼

㊽

㊾

㊿

(51)

(52)

(53)

(54)

(55)

(56)

(57)

⑱　⑲　⑳

图 4-83

第三段（图 4-84）

45. 右转身提膝斜刺剑

接上式，身体右转，重心移至右腿，右手握剑，随转身向右绕摆至腹前，剑尖向右，左腿屈膝提起；同时，右手持剑向右斜上方刺出，左手剑指摆向头左侧，微高头部；目视刺剑（图 ㉑）。

要点：刺剑有力，力达剑尖，支撑腿稳固。

46. 左转身上撩剑

接上式，左腿向左落步，重心移至左腿，身体左转，右腿向左上步；同时，右手握剑，随转身由上向下、向左、向上绕摆撩剑，左剑指摆至左体侧；目随撩剑（图 ㉒）。

要点：转身、撩剑身体协调，力达剑尖。

47. 歇步下截剑

接上式，左腿向右腿后插步，两腿屈膝全蹲成歇步；同时，右手持剑，向外旋臂翻腕，摆向右下方截剑，左剑指摆至头左上方；目视右下方（图 ㉓）。

要点：截剑有力，力达剑身。

48. 转身云剑前刺

接上式，身体左转，身体立起；同时，右手握剑，以腕为轴随转身向前、向后在头上方平绕一周，左手剑指附于左臂内侧；目随云剑（图 ㉔），收至右腰侧随双手握剑即立刃前刺，左剑指摆至左上方；目视前方（图 ㉕）。

要点：转身云剑，身体协调。

49. 插步反撩剑

接上式，重心移至左腿，右腿向后经左腿插出，脚尖点地，脚跟抬起；同时，右手握剑内旋翻腕上带，向左贴身立圆摆动一周，反臂向前上方撩击，左剑指摆向左上方；目视前方（图 ⑥⑥）。

要点：插步与撩剑协调一致。

50. 右弓步刺剑

接上式，随转身重心前移，右腿向右前方迈步成弓步；同时，右手握剑回带右腰侧，随即由腰侧向前立刃刺出，左剑指摆至左上方；目视刺剑（图 ⑥⑦）。

要点：刺剑有力，力达剑尖。

51. 歇步按剑

接上式，重心移至右腿，左腿向前上步，右腿即随向左腿后插步，两腿屈膝全蹲成歇步；同时，右手握剑外旋反臂摆立圆一周，右手握剑向左下按压，左剑指摆按至右腕处；目视左下方（图 ⑥⑧）。

要点：插步要快，下按有力。

52. 转身右弓步劈剑

接上式，身体立起，以两脚掌为轴向右转身，右腿向右斜上方上步成弓步；同时，右手握剑随转身向外旋臂上摆，由上向前立刃下劈出，左剑指摆至左上方；目视劈剑（图 ⑥⑨）。

要点：转身要快，劈剑有力，力达剑身。

53. 左提膝下截剑

接上式，身体重心移至右腿，左腿屈膝提起，脚面绷平，身体微向右倾；同时，右手握剑回带右腰侧，双手握剑向左下方截击，目视左下方（图 ⑦⓪）。

要点：截剑快速，支撑腿稳固。

54. 右提膝下截剑

接上式，左腿向前落步，重心移至左腿，右腿屈膝提起，脚面绷平，身体微向左倾；同时，双手握剑反腕上摆至左侧成立剑，右腕外旋由上向前下方横向截击；目视截剑（图⑪）。

要点：提膝、截剑连贯一致。

55. 并步下刺剑

接上式，右脚向前落步，左脚向右腿内并靠成并步，两腿微屈膝；同时，双手握剑向前下方刺击；目视前下方（图⑫）。

要点：并步要震脚，刺剑有力。

56. 弓步下截剑

接上式，右脚向前上步成弓步；同时，双手握剑，抖腕立剑，向左、向前下摆截；目视前下方（图⑬）。

57. 并步上刺剑

接上式，重心移至右腿，左腿向前迈步并靠右腿内侧成并步，同时，右手持剑，向上刺出，左剑指摆至左腰侧按剑指；目视前方（图⑭）。

要点：上刺剑臂要伸直，两腿挺膝。

58. 插步反撩剑

接上式，重心移至右腿，左腿向后插步，脚跟抬起；同时，右手握剑剪腕花由下向后，反臂撩击；目视撩剑（图⑮）。

要点：剪腕花与插步反撩同时完成。

59. 前点腿穿剑

接上式，左腿向前上步，身体左转，重心移至左腿，右腿屈膝，右脚脚面绷平向前上方点击；同时，右手持剑，随转身由下向前上方平剑刺出，左剑指摆按右腕处，身体后仰，勾头前视（图⑯）。

要点：点脚、刺剑同时完成，力达两尖。

60. 歇步下刺剑

接上式，右腿后落步，身体右转，重心落至右腿，两腿屈膝全蹲成歇步，同时，右手持剑，随转身右前下方刺击，剑指摆至左上方，目视右下方（图⑰）。

要点：歇步要稳固，截剑身体顺势前倾，力达剑尖。

61. 横裆步崩剑

接上式，身体半立，重心左移，左腿向左开步成横裆弓步，同时，右手抖腕上挑崩剑，剑身斜靠右肩侧，剑尖斜向上方，左剑指摆按右腕处；目视右方（图⑱）。

要点：抖腕有力。

62. 丁步点剑

接上式，重心移至右腿，左腿向右腿内侧点靠，脚尖点地，脚跟抬起成丁步，两腿屈膝半蹲；同时，右手握剑，随上步向右下方立刃点击，左剑指摆至左上方；目视右下方（图⑲）。

要点：丁步要快，点剑力达剑尖。

63. 转身穿刺剑

接上式，身体立起，重心移至左腿，身体左转，右腿随转向左上步成弓步；同时，右手握剑内旋上挑，随转身向下、向右前穿刺剑，左剑指摆至左上方；目视左前方（图⑳）。

要点：转身快速，刺剑有力，力达剑尖。

64. 转身左弓步刺剑

接上式，重心移至右腿，身体左转，左腿向左上步成弓步；同时，右手握剑外旋拧臂，剑尖向下，随转身向左上方立刃刺出，剑指摆至左上方；目视左方（图㉑）。

要点：转身要快，上刺有力，力达剑尖。

65. 虚步下截剑

接上式，重心移至左腿，身体立起，右腿向前上步，脚尖点地，脚跟抬起，两腿屈膝半蹲成虚步；同时，右手握剑，内旋拧臂，剑尖由上向左、向右下方截出，左剑指摆向左上方；目视前下方（图㉒）。

要点：虚步稳固，截剑有力。

66. 右弓步刺剑

接上式，重心移至左腿，右腿向前上步成弓步；同时，双手持剑，内旋回带右腰侧，向前立刃刺出，剑指摆按至右腕处；目视前方（图 ⑧③）。

要点：刺剑有力，力达剑尖。

67. 转身左弓步劈剑

接上式，身体左转，重心移至左腿成左弓步；同时，双手握剑，内旋拧臂，剑随转身向上、向左下劈击；目视左方（图 ⑧④）。

要点：劈击有力，力达剑刃。

68. 半马步提剑

接上式，身体重心移至右腿，身体微右转，右腿屈膝半蹲成半马步；剑随重心后移回带体右侧，双手上提，剑尖斜向下方；目视前方（图 ⑧⑤）。

要点：身体要稳固。

⑥①　⑥②　⑥③　⑥④

⑥⑤　⑥⑥　⑥⑦　⑥⑧

⑥⑨　⑦⓪　⑦①　⑦②

图 4–84

第四段（图 4–85）

69. 跪步刺剑

接上式，身体重心移至左腿，右腿屈膝半跪，同时，双手握剑由头右侧向下摆至右腰侧，立刃向前刺出，目视前方（图 ⑧⑥）。

要点：跪步与刺剑同时完成。

70. 跪步背剑

接上式，跪步不变，身体右转，右脚内碾，双手握剑，上举过头，剑身贴靠背后，剑尖向下；目视右后（图 ⑧⑦）。

要点：转身、举剑同时完成。

71. 半马步截剑

接上式，重心后移，成半马步，身体右转；同时，双手握剑随转身由头顶向右下方截击，目视右下方（图 ⑧⑧）。

要点：转身要快，截剑要有力。

72. 提膝剑指

接上式，重心移至右腿，身体微左转，身体立起，左腿屈膝提起，脚面绷紧；同时，右手提剑，剑尖向后，左手变剑指前穿；目视穿指（图 ⑧⑨）。

要点：穿指要快，支撑腿要稳固。

73. 歇步带剑

接上式，重心不动，左腿向后落步，两腿屈膝全蹲成歇步；同时，右手握剑，内旋拧臂，由后向上、向前摆至体右侧，手腕外旋，双手握剑与头平，剑尖斜向下方；目视前方（图 ⑨⓪）。

74. 左弓步格剑

接上式，身体立起，左腿向左前上步，重心移至左腿成弓步；右手持剑，随上步由下向上绕摆一周，经腹前向左上方格架，剑尖向右，剑指摆至左上方；目视左方（图 ⑨①）。

要点：格架有力，力达剑身。

75. 右弓步格剑

接上式，重心移至左腿，右腿向右前上步成弓步；同时，双手握剑，向左内旋回带腹前成立剑，随即向右外旋拧臂，向右上方格架；目视右前方（图 ⑨②）。

要点：同左弓步格剑。

76. 并步刺剑

接上式，身体立起，右向后退并至左腿内侧成并步；同时，右手持剑，外旋拧臂回带至右腰侧，随即向右平剑刺出，身体微前倾，左手剑指摆向左上方，目视右方（图⑬）。

要点：退步与刺剑同时完成，力达剑尖。

77. 行步绞剑

接上式，右脚向前迈步，脚尖微外展，左、右腿向前迈步，脚尖微内扣，连续走五步一圈；同时，剑尖顺时绕绞五圈，身体微前倾，目随剑尖（图⑭～⑲）。

要点：行步匀速，与绞剑同步。

78. 盘腿反撩剑

接上式，重心移至右腿，右腿屈膝半蹲，左腿屈膝提起，左腿落至右膝成盘腿；右手持剑内旋上举，高于头部，由右向上、向左绕摆一周，由下向上反臂撩击，剑指摆至左上方；目视右上方（图⑩⓪）。

要点：撩击有力，支撑腿要稳固。

79. 转身左弓步刺剑

接上式，身体立起，左腿向左落步，重心移至左腿成弓步；同时，双手持剑内旋摆至右腰侧，随即随上步立刃刺出；目视左前方（图⑩①）。

要点：落步与刺剑同时完成，力达剑尖。

80. 退步格拨剑

接上式，重心后移，左腿向后退步，双手握剑，随退步向左格摆；右腿向后退步，剑尖由下向上拨剑，同势连续三次，目视前下方（图⑩②～⑩⑤）。

要点：格拨力点清晰，身体协调。

81. 左弓步刺剑

接上式，左腿在前，重心移至右腿，左腿向前迈步成弓步；同时，双手握剑，向左前方立刃刺出；目视前方（图⑩⑥）。

要点：刺剑有力，力达剑尖。

82. 转身仆步截剑

接上式，身体立起右转，随转身重心移至左腿，两腿屈膝全蹲成仆步；同时，右手握剑，随转后带外旋拧臂摆至右侧，右臂内旋，剑随内旋绕摆一周，向右下方截击，左剑指摆至左上方；目视右方（图⑩⑦）。

要点：转身、仆步、截剑同时完成。

83. 跳步转身扫剑

接上式，身体立起，重心移至左腿，右腿换跳步，身体左转，左腿向左前上步成弓步；同时，右手握剑外旋拧臂上举，剑由上向下、向左上方扫击；目视左上方（图⑩⑧⑩⑨）。

要点：转身快速，扫剑力达剑身。

84. 提膝格剑

接上式，身体立起，重心移至右腿，左腿屈膝提起，脚面绷紧，脚尖向下；同时，右手持剑，右臂内旋拧臂，上提外格至体前，剑尖斜向右下方，左剑指摆按至右手腕，目视左前方（图⑪⓪）。

要点：提膝要稳固，格剑有力。

85. 右弓步刺剑

接上式，左脚落步，重心落至左腿，右脚向前上步成弓步；同时，右手持剑内旋摆向右体侧，随上步向前立刃剑刺出，左剑指摆按至后上，目视前方（图⑪①）。

要点：刺剑有力，力达剑尖。

86. 跪步抄抛接剑

接上式，身体左转，重心移至左腿，右腿屈膝半跪；同时，右手持剑外旋拧臂，剑尖向左，左剑指摆至左上方（图⑪②）；右手握剑，向上抄抛，剑尖向上，左剑指变掌，接握剑柄；目视抛剑（图⑪③⑪④）。

要点：抛剑速度匀整，接剑抓握准确。

87. 虚步持剑

接上式，身体立起，重心移至右腿，左腿向左前方上步，脚尖点地，脚跟抬起，两腿屈膝半蹲成虚步；同时，左手接剑，反臂旋持，摆至左臂后，右手剑指上摆至右上方；目视前方（图⑮）。

动作要点：支撑腿有力，虚步稳固。

88. 收式

接上式，身体立起，左脚踏实，重心移至左腿，右腿向左腿内侧并靠成并步；同时，右剑指由上向下摆至右体侧；目视前方（图⑯）。

要点：同预备式。

㊀86

87

87附

88

89

90

90附

91

92

93

94

95

96

97

98

99

图 4-85

项目五
洪派太极拳

单元一 洪派太极拳简介

图 5-1

洪均生（1907—1996，图 5-1），河南禹县人，自幼随父在京，少年因体弱多病而辍学，唯每日散步，见北京《实报》刊登名武生杨小楼从陈家沟陈发科拳师学拳后身体转健，能演重头戏的消息，遂拜陈发科为师。

洪均生自幼聪颖过人，善于思索，博闻强识，通音律，工诗词，文武兼修，随陈发科习拳不久，即对太极拳的缠丝劲颇有心得。为使习拳者走上便捷之路，洪均生将拳的奥妙及多年的心得著成通俗易懂的歌诀，对太极拳的缠法、眼、手、身、步、双重、推手等内容作了详尽的解说，习者容易诵记并得到完整明确的概念。

洪均生为人忠厚诚实，视师如亲，随师十五年，师徒感情深厚。即使时隔六十年，每每提及恩师，言情间溢于崇敬之情。洪均生在太极理法上，主张讨论、实验，对有些著作及观点，坦率地说出自己的观点；对那些弄虚作假的现象毫不客气地提出批评。他重视教学相长的原则，并指出“人有品，拳亦有品，拳品高低实以人品为主”。

洪均生技高艺纯，快拳进攻，略一抬手，来人便跌出很远。日本的曾吾忠弘写道：“观看了洪老师的示范表演，真正看到了我们所倾慕的东西，感到在他身上有着令人难以置信的极高雅的武术气质，而他就像一位杰出的哲人，蕴藏着人类的奥秘……洪老师具有天才般的反应、速度和精确度，有人曾试图推动他的身体，但在欲推的瞬间，突然好像力量被什么东西给带走了，自己反而被弹出甚远。洪老师的身体就像装有机械装置，在本人尚未意识到的一刹那，就自动做出反应。再者，洪老师在击溃对方中心时，其手的精确度可以毫米计，我们称他的手为‘魔手’，在我与洪老师门下的学生练习推手时，无论我使出什么招数，他们都纹丝不动，洪老师见状走来，只轻轻地将其手放在我的手上，我的对手就被弹出，令我惊奇不已。我这才亲身体会到内家拳的功夫是日积月累、不懈努力得来的……”

洪均生一生坎坷，少年多病，幸遇明师，身体转健，但中年丧偶，子女又多，生活条件艰难，最初由学生们资助，原住济南东巷一陋室。至20世纪80年代初，因日本学生来济南学拳，洪均生被政府安排到济南菜市新村一两居室的房子，才得以安居。

1961年，正值自然灾害，生活极苦，几乎难以支持，幸受著名学者刘子衡的鼓励，洪均生决心整理太极拳及自己的心得，《陈式太极实用拳法》三易其稿，都是在多年居住的陋室里完成的，一直到1989年七次易稿，由学生资助才得以出版。洪均生一生著作颇丰，还著有《陈式太极拳》《十三势心解》《太极拳式名考释》及诸多论文，并编有三路剑法——一路游龙，二路翔凤，三路飞虎。

洪均生积极传播太极拳，几十年如一日，弟子及再传弟子遍及世界各地。前几年，其再传弟子在全国太极推手比赛上几乎囊括全部金牌。众多弟子继续为传播太极拳做出贡献。

洪均生在太极拳理上首次提出手法的公转与自转。公转的正旋、反旋，自转的顺逆，以及腿部缠法的具体要求；根据“腰为车轴，立如平准”的原则，提出太极拳要随遇平衡；首次提出眼法上也有虚实顺逆之分。他特别强调，“太极是绷劲，动作走螺旋”，对绷劲做出了更具体的说明，并对螺旋缠丝进行了详尽的探讨，这些理论都是创造性的见解，对后学者研练太极指明了方向。

洪均生于1996年1月23日在济南逝世，享年90岁。

洪派太极拳门规：尚武精神、尊师爱幼、团结同道、继承师艺、刻苦练功、发扬正气、不辱师门。

单元二　洪派太极拳基本功

一、手型——掌、拳、勾

掌的指部要自然伸开，拇指根节靠拢左掌部，梢节自然松开。在动作时，五指自然随着顺、逆变化作螺旋转动，一般总是转动45° ～90° ，在特殊情况下还需要加大角度。但绝无正面向着上、下的形状。

拳要旋转着握实，握拳的方法是从小指依次至食指旋转着紧贴掌心而握，拇指则斜扣于食指、中指的中节，呈螺旋形。

勾手则是食指与无名指合于中指下旁，再以拇指合于这三个指尖的下边，小指亦合在拇指与无名指夹缝间，如鸡头、鸡嘴状，但腕部不许允弯而向下。

手腕是随着顺逆缠法的变化而活动的。不论是掌或拳，凡走顺缠，则腕应略向里转，外开则掌的中指、拳的食指中节都向外上斜转；向里收转，则掌、拳侧向前下斜角转回。走逆缠，则腕部略向外转，开时走向同侧前上角，收时走向同侧后下斜角。都要做螺旋运动。

二、正手圈

假定用右手（左手亦然）练习，它的线路如下：手高齐右眼角，角度为胸前45° 处。第一动，身左转，松肩沉肘到肘贴肋，小臂顺缠自转走外下弧线，手指上扬，为掤捋法。对方手在上面为掤法，如一路拳第三式六封四闭第一动作的侧掤；二路右单云手等。

假如对方手在我方手臂下面便为捋法，如六封四闭第三动作左转身捋法。第二动，身仍左转，手随身体的左转，收到心口前，手指上扬，手心斜对心口，手部为掤法，肩、胯部为靠法，如拦擦衣第三动作的下半圈（不拘顺缠收手或逆缠收手，当手收到手心斜对心口时，手指上扬，手部均为掤法，而肩、胯部即为靠法）；应知道的是，第二动的左转，左肩与左胯不准转大。左肩既要与左胯合住，更要与右胯合住。方法是：左肩略左转便上挑一点儿，也就是肩部与胯部走小弧线（肩部左转的幅度，不能超过15°）。形成往右去的力，形成这一动的立体形式和角度，右腰部不仅不准凹进去，胯部更是随身体的左转形成往右前进的力。第三动，身略左转一点儿立变右转，手顺缠随腰的左转往上托一点儿为捩法，如一路第二十九式上云手第三动的捩、靠、肘、挤、按法（此例为左手。肘法使用起来，小臂部顺逆皆可用，侧面贴近我偏前一点儿的人，我方肘法小臂应用逆缠；贴近我偏后的人，即用顺缠。不拘小臂部顺逆，手腕部必须略扬起，不许下垂。还有句话叫“打肘不见肘”，是说不许把肘高高抬起或肘部离开肋部单独击打，而是用全身松沉之力发劲）。单手捩法兼靠法如一路第十三式右转身搗碓第三动作。第四动，手继续沿胸前45°，走右前上弧线为按法。手由顺缠变逆缠，应随腰的变化而变，不是手的单独翻转，而是手走S形（因是左右手，因此有正S与反S之分）；第五动，身仍右转，手继续走右前上弧线，手领肘，肘领肩回到原来的角度，为採法，如一路第六式白鹤亮翅的第二动作和第一搗碓第三动作等。正手圈完成后的图形，如一椭圆形的鸡蛋，大头在外，小头在里（图2①~④）。

三、反手圈

假定仍依右手为例在原处：第一动，身左转，收肘齐乳，手指上扬，对方手在上面为掤法，如一路第八式初收第一动，对方手在下面为捋法，如再收第二动（此例为左手，不拘左右皆可用），与一路第十五式庇身捶的第三动。第二动，身略左转立变右转，手随身体的右转回到胸口前，手指上扬，为掤法，肩部为靠法，肘臂部为肘、挤法，手部为按法。如庇身捶二、三动作与一路第十式十字手第二动的右靠法；与正手圈的第二动一样，肩与胯部都不许转大，要合住。第三动，身继续右转，手变逆缠，沿腹部、胯部走外上弧线，为挤法，如二路第六十一式第二动左进步挤；一路三十九式右转身蹬脚第二动；（此例均为左手）一路十字手的一动右下挤法。第四动，身继续右转，小手指上挑，在胸右前继续走外上弧线回到原处，为挤、採、按法；第四动与第一动转换处，为按法、小捌法，如一路第七十八式退步跨虎第三动。手走外上弧线时，一定要手领肘，肘领肩，不许亮肘。反手圈完成后，亦如椭圆形鸡蛋，不过大头在里而小头在外（图 5-2 ⑤ ~ ⑧）。

① ② ③ ④

⑤ ⑥ ⑦ ⑧

图 5-2

四、步法

步型大略有马步、弓步、盘步、虚步、独立步五种。

马步有小正马步，两足距离一肩宽；左右侧马步，前膝弓得少些；内八字马步，前足尖内勾，只用于招式转换之处，一转而过。

弓步分左右弓步及反弓步。它的姿势是前膝弓住，后膝展开，足尖向左或向右方，弓步要求蹬展膝部须略放松，特别是后腿的大筋更不许绷紧。这样做不但步型转换灵活，而且能避免双重。反弓步亦名仆步，它的姿势是后膝弓塌，后脚尖外摆 45° ，前足向内斜勾，以足踵贴地前进，膝部斜向里方展开，式子走足时，则腿肚可以贴地。盘步分左右、大小及半盘。它们是从左右侧马步或弓步变化而成的。从侧弓步起，则后膝向里下松垂，前脚尖外摆 90° ；从弓步起，则扣膝向里下松垂，同时前脚仍以足踵为轴将脚尖外摆 90° ，而后脚尖为轴，后膝则原式不动。虚步分左右、前后两种，实脚斜而虚步正，在承受重量上，只有轻得之分，绝无纯虚、纯实之别。

独立步要求实足尖向外略摆，膝不伸直，虚腿的膝提平裆，小腿松垂，脚掌平伸（不可绷紧脚面，使脚尖向下。因为这样，只能暴露将要前踢，不如垂直小腿，则左右前后均可自由变化）。独立步有左右之分。

五、眼法

眼是负责观察地势、敌情，以指挥肢体因敌变化的器官。它的注意方向经常是只前进而无后退的。它观察所及范围角度为 150° 左右。而且在注意点的范围内，还自然包含有面。俗语“眼观六路”应当是“一目了然”，是不可能把眼球转移六个方向的。因此，太极十三势中“左顾、右盼”应理解为左顾的同时应有右盼；反之，则右顾的同时必有左盼。顾处是视力的集中点，是眼法的实处；盼处是集中点外视力所及范围的面，是眼法的虚处。

六、身法

身法负责带动步、手，因敌变化。它的规律是动中的中正安舒，而非呆板的中正。陈式的全体运动，即以螺旋为主，所以身法也同样应当是立体螺旋的。只要眼看固定方向，则身向左右旋转时，自然形成立体螺旋之状。但应注意，在一般拳式中的旋转方向，经常是45°，而躯干旋转上下配合，又经常是胸以下可以随裆劲的下塌转得略多于45°。当然在步法进退时，身法可以随势加大角度。而身体旋转中，肩部可以一边略高，一边略低的倾斜，才能形成螺旋主体。但不可走得太过，使腰劲折断。

单元三　洪派简化二十四式套路

一、动作名称

1. 金刚捣碓　2. 拦擦衣　3. 六封四闭　4. 单鞭　5. 上云手　6. 前后招　7. 野马分鬃　8. 左转身六封四闭　9. 单鞭　10. 中云手　11. 单鞭　12. 左转身捣碓　13. 十字手　14. 庇身捶　15. 双推手　16. 三换掌　17. 肘底捶　18. 倒卷肱　19. 白鹤亮翅　20. 搂膝拗步　21. 初收　22. 斜行拗步　23. 掩手肱捶　24. 右转身捣碓

二、技术动作详解

1. 金刚捣碓

预备式（图 5-3）

第一动

眼法不变向北。身略左转。胸向正前方。两腿随

图 5-3

身左转下蹲，松裆弓膝成小正马步。同时右手顺缠走里左上弧线转到胸前，手心侧向左后上斜角，中指扬向前上斜角。左手配合右手同时逆缠走外右上弧线转到下颏前方的一尺位置，手心侧向右后下斜角，中指扬向右前上斜角（图5-4）。

图 5-4

第二动

眼法不变向北。身略右转，胸向右前斜角。右腿变顺缠弓膝，松塌裆劲以右脚跟为轴，向右前斜角外摆脚尖 45°；左腿同时变逆缠，以左脚尖为轴，向左后斜角旋转脚跟，成右小盘步。同时右手变逆缠，以手领肘走外右上弧线向右上斜角上转，高与口齐，手心侧向右前下斜角，中指扬向左前上斜角；左手配合右手变顺缠，在原处松肩沉肘，下塌外碾，走里右小弧线，手心侧向右前上角，中指扬向左前上斜角，两手距离一肩宽（图5-5）。

图 5-5

第三动

眼法不变向北。身继续右转，右腿仍顺缠弓膝，松塌裆劲。左腿提膝经右腿里侧，勾起左脚尖，以脚跟贴地逆缠，走里前弧线，向左前方前进约两肩宽（最大三肩宽），成左仆步。右手同时仍逆缠走外右上弧线继续向右上斜角上转，高与眼齐，距眼尺许，手心仍侧向右前下斜角，中指仍扬向左前上斜角。左手配合右手顺缠，走里右上弧线松肩收肘，肘尖收到胸前，手的高度不变，手心仍侧向右后上斜角，中指仍扬向左前上斜角。两手距离仍保持一小臂宽（图5-6）。

图 5-6

第四动

图 5-7

眼法不变向北。身略左转，胸仍向右前斜角。左腿变顺缠，弓膝塌裆劲，落下脚尖。右腿变逆缠，膝仍弓住，脚不转动成左侧马步。同时左手变逆缠，以腕为轴，沉肘走里左下弧线转到胸前，距心口半尺许，手心侧向后下斜角，中指扬向右前上斜角；右手配合左手变顺缠，松肩沉肘走外左下弧线转到脐前，如推物之状，手心侧向左前上斜角，中指扬向右前上斜角，双手距离一小臂宽（图 5-7）。

第五动

图 5-8

眼法不变向北。身继续左转，胸略向左前斜角。左腿仍顺缠，松裆弓膝，以脚跟为轴，脚掌贴地向正前方外摆脚尖；右腿仍逆缠，提膝走里前弧线，将右脚进到左脚步的右前斜角约一肩宽落下，右脚平踏地面成右前虚步。同时左手继续逆缠，走里前上弧线转到下颏前，手心侧向右前下斜角，中指扬向右后上斜角；右手配合左手继续顺缠，肘贴右肋，以肘推手，走里右下弧线，转到左腕外下侧，手心侧向左后上斜角，中指扬向左前上斜角，左手在上，右手在下，呈斜“十”字状合抱胸前（图 5-8）。

第六动

图 5-9

眼法不变向北。身略右转，胸向正前方。左腿变逆缠，弓膝塌裆劲。右腿变顺缠，提膝走里上弧线到裆前成左独立步。同时左手变顺缠，松沉肘部走里左下弧线，转到胸前，手心侧向右后上斜角，中指扬向右前上斜角。右手配合左手继续顺缠，松沉肘部，以小指领劲依次旋转握拳，并贴左腕上侧向里旋转到左掌心上方五寸许，拳心侧向右后上斜角，拳眼侧向右前上斜角（图 5-9）。

第七动

眼法不变向北。身略左转，胸向正前方。左腿变顺缠，弓膝塌裆劲，右腿变逆缠，将右脚旋转踏在左脚的右旁约一肩宽，弓膝塌裆成小马步。落右脚时，也可以发劲有声，成震脚动作。同时左手顺缠从胸前下转到脐部，变小逆缠，手心略偏向右后，中指略指向右前上斜角。右手配合左手变小逆缠，贴左手掌心落下，拳心侧向左后上斜角，拳眼侧向右前上斜角（图 5–10）。

图 5–10

2. 拦擦衣

第一动

眼视右前方东北。身略左转，胸仍向正前方。步型不动，左腿仍顺缠，右腿仍逆缠。同时右手变顺缠，肘不离肋，随腰而转将拳变掌走里下弧线转向下前方，手心侧向左后上斜角，中指变向左前下斜角。左手配合右手仍逆缠，从脐前走外下弧线略向下按，手心侧向右后下斜角，中指仍扬向右前上斜角（图 5–11）。

图 5–11

第二动

眼法不变向东北。身变右转，胸略向右前斜角。步型不变，右腿变顺缠，左腿变逆缠松塌裆劲。同时右手变逆缠，松肩沉肘，走外右上弧线转到右前上斜角，高与眼齐，手心侧向右前下斜角，中指扬向左前上斜角。左手仍逆缠，走里左下弧线，从脐前向左下斜角转出，高与左胯齐，手心侧向左后下斜角，中指扬向右前上斜角（图 5–12）。

图 5–12

图 5-13

第三动

眼法不变向东北。身变左转，胸向正前方，左腿变顺缠，弓膝塌裆劲。右腿变逆缠，向里斜勾起右脚尖，以脚跟贴地向右横开约二肩宽成右仆步。同时右手变顺缠，松肩沉肘，走里下弧线收到胸前，手心侧向左后上斜角，中指扬向右前上斜角；左手变顺缠，从左胯外侧走里上弧线向胸前收转，合于右肘里侧，手心侧向右后上斜角，中指扬向右前上斜角（图 5-13）。

第四动

眼法不变向东北。身变右转，胸向右前斜角。右腿变顺缠，落下脚尖，左腿变逆缠，左脚尖向里扣转，脚尖指向右前斜角成右弓步。同时右手变逆缠，以手领肘走外右上弧线向右前斜角转出，高与肩齐；手心侧向右前下斜角，中指扬向左前上斜角。左手配合右手仍顺缠，左掌贴在右臂弯里侧随右臂转出，手心侧向右后上斜角，中指扬向右前上斜角（图 5-14）。

图 5-14

第五动

眼法不变向东北。身略左转，胸向正前方，步型不变，左腿变顺缠，扣膝塌裆劲。右腿变逆缠塌下裆劲。同时右手略变顺缠，松肩沉肘在原高度旋转手腕，手心侧向左前上斜角，中指扬向右前上斜角。左手配合右手，走小顺缠，随身左转时，松肩膀沉肘走外下弧线，收到胸前，手心侧向右后下斜角，中指垂向右前下斜角（图 5-15）。

图 5-15

3. 六封四闭

第一动

眼法不变向东北。身再略左转，胸仍向正前方。右腿逆缠，仍弓住。左腿仍顺缠松塌裆劲。左裆松开，膝略松垂，成右侧马步。同时右手沉肘继续顺缠，走里左下弧线将肘收转到右肋旁，手高与胸齐，手心侧向左后上斜角，中指扬向右前上斜角。左手配合右手在脐部以指顺缠下转，手心侧向右后下斜角，中指垂向右前下斜角（图 5–16）。

图 5–16

第二动

眼法不变向东北。身变右转，胸向右前方。右腿变顺缠，弓膝塌裆劲。左腿同时变逆缠，松裆垂膝成右半盘步。同时右手变逆缠，松肩沉肘以领小臂走外上弧线，斜向右前上斜角领转，手高与口齐，手心侧向右前下斜角，中指扬向左前上斜角。左手配合右手变逆缠，肘不离左肋，手走右上弧线，把左掌贴在右臂弯上侧随右臂转出，手心侧向右后下斜角，中指扬向右后上斜角（图 5–17）。

图 5–17

第三动

眼法不变向东北。身变左转，胸向正前方。左腿变顺缠，弓膝塌劲，以脚跟为轴把左脚尖向左外摆。右腿变逆缠，松塌裆劲下坐成右仆步。同时左手变顺缠，松肩沉肘走里左下弧线收转到胸前，手心侧向右后下斜角，中指垂向右前下斜角。右手变顺缠，松肩沉肘下塌外碾，走里左下弧线，将右肘收转到肋部，右手离右肩尺许，高齐下颏，手心侧向左前上斜角，中指扬向右前上斜角（图 5–18）。

图 5–18

第四动

眼法不变向东北。身变小右转。左腿逆缠塌劲，右腿变顺缠，弓膝成外八字步。双手仍继续顺缠走里右上弧线，如托物状向右前上斜角托起。右掌高齐下颏，距口尺许，手心侧向左后上斜角，中指扬向右前上斜角。左手低于右手同向右上领，手心侧向右后上斜角，中指扬向右前上斜角，两手距离仍一小臂宽（图 5-19）。

图 5-19

第五动

眼法不变向东北。身仍右转，胸向右前斜角。右腿仍顺缠，弓膝塌劲。左腿仍逆缠提膝，将脚走里右前弧线提到右脚的左后外斜角落下，双脚相距一肩宽成左后虚步。同时双手变逆缠，经颏下走外右下弧线斜向右前下斜角按出，手高齐胸，两手指相距约半尺许，左手心侧向右后下斜角，中指扬向右前上斜角。右手心侧向左前下斜角，中指扬向左前上斜角（图 5-20）。

图 5-20

4. 单鞭

第一动

眼法不变向东北。身继续右转，胸向右前斜角。左腿仍逆缠，右腿仍顺缠，步型不变。同时右手变顺缠，松沉肘部走里右下弧线向右肋收转，手高仍齐腰，手心侧向左前上斜角，中指垂向右前下斜角。左手继续逆缠，从右手上方走外上弧线，向右前斜角按转，左手距胸尺许，手心侧向右前下斜角，中指扬向右后上斜角（图 5-21）。

图 5-21

第二动

眼先看东北后转西北。身变左转，胸向正前方。左腿变顺缠，右腿变顺缠，步型不变。同时右手变逆缠，勾手走外右上弧线向右前斜角转出，高仍齐胸，右臂不伸直，手心侧向左后下斜角，勾尖侧向左前下斜角。左手配合右手变顺缠，沉肘走里左下弧线，将手收到心口。手心侧向右后下斜角，中指垂向右前下斜角（图5-22）。

图5-22

第三动

眼法仍向左前方西北。身略右转，胸向正前。右腿变顺缠，弓膝松沉裆劲。左腿变逆缠勾起左脚尖，用左脚跟里侧贴地向左横开一大步，约二至三肩宽，落下脚尖成左侧马步。同时，右手在原处逆缠，转到手心和勾尖都侧向右后下斜角，左手顺缠中指扬向右前上斜角（图5-23）。

图5-23

第四动

眼法不变向西北。身变左转，胸向左前斜角。左腿变顺缠，弓膝塌劲。右腿变逆缠，向里扣转右脚头尖，脚尖指向左前斜角成弓步。同时左手变逆缠，以手领肘，肘领肩地走外左上弧线，斜向左前上斜角转出，高与肩齐，左臂不伸直，手心侧向左前下斜角，中指扬向右前上斜角。右勾尖转向右前下斜角（图5-24）。

图5-24

第五动

眼法不变向西北。身略右转，胸向正前方。右腿变顺缠，左腿变逆缠，步型不变。同时双手松肩沉肘在原处变顺缠。右手勾眼转向左前上斜角，勾尖转向左前下斜角。左手心侧向右前上斜角，中指指向左前上斜角（图5-25）。

图5-25

5. 上云手

第一动

眼法不变向西。身变左转，胸向左前斜角。左腿变顺缠，右腿变逆缠，松裆垂膝成左盘步。同时左手变逆缠，沉肘旋腕走里左下弧线，转向左前方，手高齐心口，手心侧向左前下斜角，中指扬向右前上斜角。右手继续顺缠，将勾手变掌，松肩收肘贴右肋，手走外左下弧线转到胸前，手心侧向左前上斜角，中指扬向右前上斜角（图 5-26）。

图 5-26

第二动

眼法不变向西。身略右转，胸向正前方。双腿缠法变为左逆右顺，步型不变。同时，左手变顺缠走里右下弧线向胸前收转，手心侧向右后上斜角，中指扬向左前上斜角。右手变逆缠走外右上弧线向原来勾手的位置略上转，手心侧向左前下斜角，中指扬向左前上斜角（图 5-27）。

图 5-27

第三动

眼法不变向西。身变左转，胸向左前斜角。左腿变顺缠，弓膝塌劲，右腿变逆缠，提膝带右脚向左腿脚跟进约一肩宽，成右后虚步。同时，左手变逆缠走左上弧线向左前斜角上转。手心侧向左前下斜角，中指扬向右前上斜角。右手变顺缠走里下弧线向胸前下转，手心侧向左后上斜角，中指扬向左前上斜角（图 5-28）。

图 5-28

第四动

眼法不变向西。身变右转，胸向正前方。右腿变顺缠，弓膝塌劲；左腿变逆缠，用左脚跟里侧贴地向左横开一步（大约二至三肩宽），落正下脚尖成左侧马步（图 5-29）。

图 5-29

第五动同第三动。

第六动同第四动。

第七动同第三动。

第八动同第四动。

步法双腿缠法变为左逆右顺；右膝弓塌，左腿随身右转收而不进，成左前虚步。

6. 前后招

第一动

眼转向左腿里侧西北，身略变左转，胸略向左前斜角。双腿缠法变为左顺右逆，步法变左半盘步。同时，左手变逆缠走里左下弧线向左上开转，手心侧向左前下斜角，中指扬向右前上斜角。右手沉肘仍顺缠变掌走里下弧线腕部略向里收转，手心侧向左前上斜角，中指扬向右前上斜角（图 5–30）。

图 5–30

第二动

眼法不变。身变右转，掤腿变顺缠，弓膝塌劲，足先外摆，左腿逆缠向左前收转半步成左前虚步。同时，手法同上云手第四动，但旋转角度较上云手为小（图 5–31）。

图 5–31

第三动

眼法变向东北。身先右后左转，胸向右前斜角。双腿缠法变为左顺右逆，左腿向左前斜角进一大步，弓膝塌劲。右腿随左腿跟进到左脚的右后斜角约一肩宽，成右后虚步。双手动作参照上云手第三动的双手动作，但眼法相反，手法较小（图 5–32）。

图 5–32

第四动

眼看右后方、东方。身变右转，胸向右前

图 5-33

斜角。双腿缠法变为左逆右顺，左膝弓住塌劲。以右脚尖为轴向里拧转脚踵，平踏地上，成右小马步。同时，左手变顺缠，走外右下弧线收转到胸前。手心侧向右后上斜角，中指扬向右前上斜角。右手变逆缠，走外右上弧线，肘不离肋，以手向右前上转，高齐颏下，手心侧向左前下斜角，中指扬向左前上斜角（图 5-33）。

7. 野马分鬃

第一动

眼法不变仍向东。身变左转，胸向东北方，双腿缠法变为左顺右逆。左腿弓膝塌劲，左脚脚尖外摆。右腿以右脚跟贴地，向里斜勾脚尖，向右前方进一大步（约两肩宽），落下脚尖成右侧马步。同时，右手变顺缠，走里下弧线，沉肘贴肋，手经腹前再向右前方外转，手高齐肩，手心侧向左前上斜角，中指扬向右前上斜角。左手变逆缠，走外左上弧线，向左前上斜角上转，手高齐眼，手心侧向左前上斜角，中指扬向右前上斜角（图 5-34）。

图 5-34

第二动

眼不变仍向东。身变右转变 180° ，胸向东南。双腿缠法变为左逆右顺，右腿以右脚脚跟为轴，外摆脚尖，弓膝塌劲。左腿同时提膝向右脚的左前方进一大步（约两肩宽），成左侧马步。同时，左手变顺缠，走里右下弧线，沉肘贴肋。手经心口前再向左前方上转，高与肩平，右手变逆缠，走外右上弧线向右上转，高齐右眼，手心侧向右后上斜角，中指扬向右前上斜角（图 5-35）。

图 5-35

8. 左转身六封四闭

第一动

眼法不变仍向东北。身变左转 90°，双腿缠法变为左顺右逆；左脚尖外摆，右脚提进到左脚的左前方尺许，成右前虚步。同时，左手继续顺缠，肘不离肋，手走外左下弧线，向左外转出，手心侧向右后上斜角，中指扬向右前上斜角；右手也变顺缠，走外左下弧线向左前斜转，高齐颏下，手心侧向左后上斜角，中指扬向右前上斜角（图 5-36）。

图 5-36

第二动

左腿弓膝塌劲，右腿提到右脚的右前方一大步，成右侧马步（图 5-37）。

图 5-37

第三动

眼法不变向东北。身仍右转，胸向右前斜角。右腿顺缠，弓膝塌劲，左腿逆缠跟进约一肩宽成左后虚步，同时双手变逆缠，经颏下走外右下弧线斜向右前下斜角按出，手高齐胸，两手指相距约半尺许，左手心侧向右后下斜角，中指扬向右前上斜角。右手心侧向左前下斜角，中指扬向左前上斜角（图 5-38）。

图 5-38

9. 单鞭

第一动

眼法不变向东北。身继续右转，胸向右前斜角。左腿仍逆缠，右腿仍顺缠，步型不变。同时右手变顺缠，松沉肘部走里右下弧线向右肋收转，手高仍齐腰，手心侧向左前上斜角，中指垂向右前下斜角。左手继续逆缠，从右手上方走外上弧线，向右前斜角按转，左手距胸尺许，手心侧向右前下斜角，中指扬向右后上斜角（图 5-39）。

图 5-39

第二动

图 5-40

眼先看东北后转西北。身变左转，胸向正前方。左腿变顺缠，右腿变顺缠，步型不变。同时右手变逆缠，勾手走外右上弧线向右前斜角转出，高仍齐胸，右臂不伸直，手心侧向左后下斜角，勾尖侧向左前下斜角。左手配合右手变顺缠，沉肘走里左下弧线，将手收到心口。手心侧向右后下斜角，中指垂向右前下斜角（图 5-40）。

第三动

图 5-41

眼法仍向左前方西北。身略右转，胸向正前。右腿变顺缠，弓膝松沉裆劲。左腿变逆缠勾起左脚尖，用左脚跟里侧贴地向左横开一大步，约二至三肩宽，落下脚尖成左侧马步。同时，右手在原处逆缠，转到手心和勾尖都侧向右后下斜角，左手顺缠，中指扬向右前上斜角（图 5-41）。

第四动

图 5-42

眼法不变向西北。身变左转，胸向左前斜角。左腿变顺缠，弓膝塌劲。右腿变逆缠，向里扣转右脚头尖，脚尖指向左前斜角成弓步。同时左手变逆缠，以手领肘，肘领肩地走外左上弧线，斜向左前上斜角转出，高与肩齐，左臂不伸直，手心侧向左前下斜角，中指扬向右前上斜角。右勾尖转向右前下斜角（图 5-42）。

第五动

图 5-43

眼法不变向西北。身略右转，胸向正前方。右腿变顺缠，左腿变逆缠，步型不变。同时双手松肩沉肘，在原处变顺缠。右手勾眼转向左前上斜角，勾尖转向左前下斜角。左手心侧向右前上斜角，中指指向左前上斜角（图 5-43）。

10. 中云手

第一动

眼法不变向西。身变左转，胸向左前斜角。左腿变顺缠，右腿变逆缠，松裆垂膝成左盘步。同时左手变逆缠，沉肘旋腕走里左下弧线，转向左前方，手高齐心口，手心侧向左前下斜角，中指扬向右前上斜角。右手继续顺缠，将勾手变掌，松肩收肘贴右肋，手走外左下弧线转到胸前，手心侧向左前上斜角，中指扬向右前上斜角（图 5–44）。

图 5–44

第二动

眼法不变向西。身略右转，胸向正前方。双腿缠法变为左逆右顺，步型不变。同时，左手变顺缠走里右下弧线向胸前收转，手心侧向右后上斜角，中指扬向左前上斜角。右手变逆缠，走外右上弧线向原来勾手的位置略上转，手心侧向左前下斜角，中指扬向左前上斜角（图 5–45）。

图 5–45

第三动

眼法不变向西。身变左转，胸向左前斜角。左腿变顺缠，弓膝塌劲，右腿变逆缠，提膝带右脚向左腿脚跟进约一肩宽，成右后虚步。同时，左手变逆缠，走左上弧线向左前斜角上转。手心侧向左前下斜角，中指扬向右前上斜角。右手变顺缠，走里下弧线向胸前下转，手心侧向左后上斜角，中指扬向左前上斜角（图 5–46）。

图 5–46

第四动

眼法不变向西。身变右转，胸向正前方。双腿缠法同时变为左逆右顺。左腿弓膝塌劲，右腿以脚尖贴地向左腿左后斜角进步，右脚尖点地，右脚跟斜向左后斜角成右小盘步（图 5–47）。

图 5–47

第五动同第三动。

11. 单鞭

第一动

图 5-48

眼法不变向东北。身继续右转，胸向右前斜角。左腿仍逆缠，右腿仍顺缠，步型不变。同时右手变顺缠，松沉肘部走里右下弧线向右肋收转，手高仍齐腰，手心侧向左前上斜角，中指垂向右前下斜角。左手继续逆缠，从右手上方走外上弧线，向右前斜角按转，左手距胸尺许，手心侧向右前下斜角，中指扬向右后上斜角（图 5-48）。

第二动

图 5-49

眼先看东北后转西北。身变左转，胸向正前方。左腿变顺缠，右腿变顺缠，步型不变。同时右手变逆缠，勾手走外右上弧线向右前斜角转出，高仍齐胸，右臂不伸直，手心侧向左后下斜角，勾尖侧向左前下斜角。左手配合右手变顺缠，沉肘走里左下弧线，将手收到心口。手心侧向右后下斜角，中指垂向右前下斜角（图 5-49）。

第三动

图 5-50

眼法仍向左前方西北。身略右转，胸向正前。右腿变顺缠，弓膝松沉裆劲。左腿变逆缠勾起左脚尖，用左脚跟里侧贴地向左横开一大步，约二至三肩宽，落下脚尖成左侧马步。同时，右手在原处逆缠，转到手心和勾尖都侧向右后下斜角，左手顺缠，中指扬向右前上斜角（图 5-50）。

第四动

眼法不变向西北。身变左转，胸向左前斜角。左腿变顺缠，弓膝塌劲。右腿变逆缠，向里扣转右脚头尖，脚尖指向左前斜角成弓步。

同时左手变逆缠，以手领肘，肘领肩地走外左上弧线，斜向左前上斜角转出，高与肩齐，左臂不伸直，手心侧向左前下斜角，中指扬向右前上斜角。右勾尖转向右前下斜角（图 5–51）。

图 5–51

第五动

眼法不变向西北。身略右转，胸向正前方。右腿变顺缠，左腿变逆缠，步型不变。同时双手松肩沉肘在原处变顺缠。右手勾眼转向左前上斜角，勾尖转向左前下斜角。左手心侧向右前上斜角，中指指向左前上斜角（图 5–52）。

图 5–52

12. 左转身捣碓

第一动

眼法不变向西。身变左转，胸向左前斜角。左腿变顺缠，右腿变逆缠，松裆垂膝成左盘步。同时左手变逆缠，沉肘旋腕走里左下弧线，转向左前方，手高齐心口，手心侧向左前下斜角，中指扬向右前上斜角。右手继续顺缠，将勾手变掌，松肩收肘贴右肋，手走外左下弧线转到胸前，手心侧向左前上斜角，中指扬向右前上斜角（图 5–53）。

图 5–53

第二动

眼法仍向左前西方。身变右转，胸向北方。右腿变顺缠，弓膝塌劲，向外摆脚尖，脚尖冲向右前方。左腿变逆缠，松膝塌裆成半马步。同时左手变顺缠，肘尖向里收到左乳下寸许，手下塌外碾，走里右上弧线到胸前，手心侧向右后上斜角，中指扬向右前上斜角。右手变逆缠，走外右上弧线斜向右上斜角转出，右手高齐右眼，手心侧向右前下斜角，中指扬向左前上斜角（图 5–54）。

图 5–54

第三动

眼法不变向西。身变左转，胸向左前方。左腿变顺缠，左脚以脚跟为轴向外摆脚尖，脚尖冲向左前方。右腿同时变逆缠，松裆垂膝成大盘步。同时左手变逆缠，走里下弧线转到胸前，左肘贴左肋，左拇指贴心口，手心侧向右前下斜角，中指扬向右前上斜角。右手配合左手变顺缠，走外下弧线转到脐前，手心侧向左前上斜角，中指扬向右前上斜角（图 5-55）。

图 5-55

第四动

眼法不变向西。身继续左转。左腿仍顺缠，弓膝塌劲。右腿同时继续逆缠，提膝带脚走里前弧线落在左脚右前斜角约一尺远成右前虚步。同时左手继续逆缠，以腕走里前下弧线在胸前旋转。右手继续顺缠，走外前下弧线转到胸前合在左手外下方交插成十字状；手心侧向左后上斜角，中指扬向左前上斜角（图 5-56）。

图 5-56

第五动

眼法不变向西。身略右转，胸向正前方。左腿变逆缠，弓膝塌裆劲。右腿变顺缠，提膝走里上弧线到裆前成左独立步。同时左手变顺缠，松沉肘部走里左下弧线，转到胸前，手心侧向右后上斜角，中指扬向右前上斜角。右手配合左手继续顺缠，松沉肘部，以小指领劲依次旋转握拳，并贴左腕上侧向里旋转到左掌心上方五寸许，拳心侧向右后上斜角，拳眼侧向右前上斜角（图 5-57）。

图 5-57

第六动

眼法不变向西。身略左转，胸向正前方。左腿变顺缠，弓膝塌裆劲，右腿变逆缠，将右脚旋转踏在左脚的右旁约一肩宽，弓膝塌裆成小马步。落右脚时，也可以发劲有声，成震脚动作。同时左手顺缠，从胸前下转到脐部，变小逆缠，手心略偏向右后，中指略指向右前上斜角。右手配合左手变小逆缠，贴左手掌心落下，拳心侧向左后上斜角，拳眼侧向右前上斜角（图 5-58）。

图 5-58

13. 十字手

第一动

眼法转看右方西北。身变右转，胸向右前斜角。右腿变顺缠，左腿变逆缠。小弓马步不变。同时右手变逆缠，走里右下弧线向右胯外侧转出，手高齐胯，距右胯外侧尺许，手心侧向右前下斜角，中指扬向左前上斜角。左手也逆缠，走里左下弧线将手左前转出，手高齐腰，手心侧向左前下斜角，中指扬向右前上斜角（图 5-59）。

图 5-59

第二动

眼法不变向西北。身变左转，胸向正前方。左腿变顺缠，弓膝塌劲。右腿变顺缠，用右脚脚跟里侧贴地向右横开一大步（约二至三肩宽），落下脚尖成右侧马步。同时左手变顺缠，走里右上弧线向胸前收转，手心侧向右后上斜角，中指扬向右前上斜角。右手也要变为顺缠，走外上弧线向胸前上转合在左弯里侧，两手交叉呈斜“十”字状，手心侧向左后上斜角，中指扬向右前上斜角（图 5-60）。

图 5-60

14. 庇身捶

第一动

眼法不变向西北。身略左转，胸仍向正前方。双腿缠法左顺右逆，暗塌裆劲，步型不变。同时双手变拳，两手交叉不变。右拳变逆缠，走下小弧线停于胸前，拳心向左前下斜角，拳眼向左后下斜角。左拳顺缠走里小弧线，两手腕滚动磨擦，拳心侧向右后上斜角，拳眼向左后上斜角（图 5-61）。

图 5-61

第二动

眼法不变向西北。身先左转变右转，胸仍向正前方。双腿先左顺右逆，再右顺左逆两转，步型不变。同时右拳先顺缠，从颏前走里上弧线向右前角转出，然后沉肘，变逆缠，再走里下弧线经心口旁向胯前侧转出，拳心侧向右后下斜角，拳眼侧向左后下斜角。左拳同时先变逆缠，走里下左弧线经胸前向左胯外侧转出，然后收肘尖至左乳下，拳同时变顺缠，走外上右弧线转至左前方，高与胸齐，拳心侧向右后上斜角，拳眼侧向左后上斜角（图 5-62）。

图 5-62

第三动

眼法不变向西北。身变左转，胸向正前方。双腿缠法变为左顺右逆，步型不变。同时右手变顺缠走外右上弧线，向右前上斜角上转，拳高齐眼，距眼尺许，右肘尖距离乳尺许，拳心侧向左后上斜角，拳眼侧向右后上斜角。左拳配合右拳同时变逆缠成掌，走里下弧线向腰前下转，手心侧向右后下斜角，中指垂向右前下斜角（图 5-63）。

图 5-63

第四动

眼法变向左方西南。身变右转，胸向正前方。右腿变顺缠，弓膝塌劲，左腿变逆缠，以左脚脚跟为轴向里扣左脚脚尖成右弓步，右脚尖同时向外略摆。右拳先顺后逆，走外右下弧线略向右外转，拳高齐太阳穴，拳心侧向左前下斜角，拳眼侧向左后下斜角。左手也变逆缠，走里下弧线向左腰眼处下转，大指向后作掐腰状（图 5-64）。

图 5-64

15. 双推手

第一动

眼法不变向西北。身变左转，胸向正前方。左腿变顺缠，弓膝塌劲，以脚跟为轴把左脚尖向左外摆。右腿变逆缠，松塌裆劲下坐成右仆步。同时左手变顺缠，松肩沉肘走里左下弧线收转到胸前，手心侧向右后下斜角，中指垂向右前下斜角。右手变顺缠，松肩沉肘下塌外碾，走里左下弧线，将右肘收转到肋部，右手离右肩尺许，高齐下颏，手心侧向左前上斜角，中指扬向右前上斜角（图 5-65）。

图 5-65

第二动

眼法不变向西北。身仍右转，胸向右前斜角。右腿仍顺缠，弓膝塌劲。左腿仍逆缠，提膝将脚走里右前弧线提到右脚的左后外斜角落下，双脚相距一肩宽成左后虚步。同时双手变逆缠，经颏下走外右下弧线斜向右前下斜角按出，手高齐胸，两手指相距约半尺许，左手心侧向右后下斜角，中指扬向右前上斜角。右手心侧向左前下斜角，中指扬向左前上斜角（图 5-66）。

图 5-66

16. 三换掌

第一动

图 5-67

眼看右前方西北。身仍右转，胸向右前斜角。双腿缠法不变，步型不变。同时左手变顺缠，沉肘向右前转出。手心侧向右后上斜角，中指扬向右前上斜角。右手也变顺缠，走里上弧线沿左小臂向臂旁内侧收转，手心侧向左后上斜角，中指垂向左前下斜角（图 5-67）。

第二动

图 5-68

眼法不变向西北。身变左转，胸向左前斜角。双腿缠法变为左顺右逆，步型不变。同时双手缠法变为左顺右逆，左手走里下弧线向里收转，手心侧向右后下斜角，中指垂向右前下斜角。右手走里右前弧线，向右前方转出，高比肩低。手心侧向右前下斜角，中指扬向左前上斜角（图 5-68）。

第三动

图 5-69

眼法不变向西北。身变右转，胸向右前斜角。双腿变为左逆右顺，步型不变。同时左手仍顺缠，走外上小弧线向心口前上转，手心侧向右后上斜角，中指扬向右前上斜角。右手变顺缠，走外左下弧线，向左肘关节外侧收转，手心侧向左后上斜角，中指垂向左前下斜角（图 5-69）。

17. 肘底捶

第一动

眼法变正前向西。身变左转，胸向左前斜角。双腿缠法变为左顺右逆，步型不变。同时左手变逆缠，走外下弧线向左胯外斜角下转。手心侧向左后下斜角，中指扬向右前上斜角。右手也变逆缠，走外前上弧线，从左肘里侧绕出向胸前上转，手心侧向左前下斜角，中指扬向左前上斜角（图 5-70）。

图 5-70

第二动

眼法不变向西，身变右转，胸向正前方。双腿缠法变为左逆右顺，步型不变。同时左手变顺缠，走外下上前弧线经左腮向左前上转，手高齐口，距口尺许，手心侧向右后上斜角，中指扬向左前上斜角。右手也变顺缠，走前外下弧线，向左肘尖下转握拳，拳心侧向左后下斜角，拳眼斜向左肘尖（图 5-71）。

图 5-71

18. 倒卷肱

第一动

眼看正前方、正西。身变左转，胸向正前方。右腿变逆缠，弓膝塌劲。左腿变顺缠，用左脚尖贴地走里后弧线向右脚左后侧退行约二肩宽，落下脚后跟的同时，再将右脚脚尖向里扣转成右侧马步。同时左手仍顺缠走外下弧线向胸前收转，手心侧向右后下斜角，中指垂向右前下斜角。右手走顺缠，走外前上弧线，向正前方转出，手高齐胸，双手距离一小臂宽，手心侧向左后下斜角，中指扬向左前上斜角（图 5-72）。

图 5-72

第二动

眼法不变向西。身继续左转。胸向左前斜角。左腿变顺缠，弓膝塌劲。右腿仍逆缠，右脚掌贴地走外后弧线向左脚右前斜角收转，双脚相距一肩宽成右前虚步。同时左手变逆缠，走里下弧线向左胯外侧下转；手高齐胯，手心侧向左后下斜角，中指扬向左前上斜角。右手仍顺缠，沉肘塌腕，仍向正前方转出，高度不变，手心侧向左后上斜角，中指扬向右前上斜角（图 5-73）。

图 5-73

第三动

图 5-74

眼法不变向西。身变右转，胸向右前斜角。左腿变逆缠，弓膝塌劲。右腿变顺缠，用右脚脚尖贴地走里后弧线，经左脚里侧向后退一步（约二肩宽），落下脚跟的同时，再将左脚尖向里扣，成左侧马步。同时右手仍顺缠，走里右下弧线向胸前收转，手心侧向左后上斜角，中指垂向左前下斜角。左手变顺缠，走里右上弧线转到左胯旁，再变逆缠，走外前弧线向前转出，手心侧向右前下斜角，中指扬向右前上斜角，两手相距一小臂宽（图 5-74）。

第四动

图 5-75

眼法不变向西。身继续右转，胸向右前方。右腿仍顺缠，弓膝塌劲。左腿仍逆缠，用左脚脚掌贴地向右脚左前斜角收转，双脚相距一肩宽成左前虚步。同时左手变顺缠，走里后弧线，肘向内收，手仍向前，手高齐胸，距胸尺许，手心侧向右前上斜角，中指扬向左前上斜角。右手变逆缠，走里下弧线向右胯外侧下转；手高齐胯，手心侧向右后下斜角，中指扬向右前上斜角。双手相距一小臂宽（图 5-75）。

第五动

图 5-76

眼看正前方、正西。身变左转，胸向正前方。右腿变逆缠，弓膝塌劲。左腿变顺缠，用左脚尖贴地走里后弧线向右脚左后侧退行约二肩宽，落下脚后跟的同时，再将右脚脚尖向里扣转成右侧马步。同时左手仍顺缠，走外下弧线向胸前收转，手心侧向右后下斜角，中指垂向右前下斜角。右手变顺缠，走外前上弧线向正前方转出，手高齐胸，双手距离一小臂宽，手心侧向左后下斜角，中指扬向左前上斜角（图 5-76）。

第六动

眼法不变向西。身继续左转。胸向左前斜角。左腿变顺缠，弓膝塌劲。右腿仍逆缠，右脚掌贴地走外后弧线向左脚右前斜角收转，双脚相距一肩宽成右前虚步。同时左手变逆缠走里下弧线向左胯外侧下转；手高齐胯，手心侧向左后下斜角，中指扬向左前上斜角。右手仍顺缠，沉肘塌腕，仍向正前方转出，高度不变，手心侧向左后上斜角，中指扬向右前上斜角（图 5–77）。

图 5–77

19. 白鹤亮翅

第一动

眼法不变向西南。身继续左转，胸向左前斜角。双腿缠法不变，左腿弓膝塌劲，右脚向左脚的右前斜角收转约一肩宽成右前虚步。同时右手继续顺缠，走里下弧线向胸前收转，手心侧向左后上斜角，中指扬向左前上斜角。左手变逆缠，走外上弧线，转回到胸前合于右手腕部里侧，双手交叉呈斜“十”字状，手心侧向右前下斜角，中指扬向右前上斜角（图 5–78）。

图 5–78

第二动

眼法不变向西。身变右转，胸向正前方。右腿变顺缠，弓膝塌裆，以脚跟为轴外摆右脚尖，脚尖斜向右前斜角。左腿变逆缠，提膝走里前弧线，将左脚进到右脚的左前斜角约一肩宽落下成左前虚步。同时右手变逆缠，走外右上弧线斜向右前上斜角转出。掌高齐眼，手心侧向右前下斜角，中指扬向左前上斜角。左手也变逆缠，走里左下弧线向左胯下按，手心侧向左前下斜角，中指扬向右前上斜角（图 5–79）。

图 5–79

20. 搂膝拗步

第一动

图 5-80

眼法不变向西南。身变左转，胸向左前斜角。右腿变逆缠，左腿变顺缠，步型不变。同时，右手变顺缠，在原处高度走外小弧线，从前上斜角转到正前方，掌高齐鼻，距面一尺半许，手心侧向左后上斜角，中指扬向右前上斜角。左手继续逆缠走里左下弧线，从左胯前向左后外斜角转出，离左胯外侧约尺许，臂不可伸直，手心侧向左后下斜角，中指扬向右前上斜角（图 5-80）。

第二动

图 5-81

眼法不变向西南。身变右转，胸向右前方。右腿变顺缠，弓膝塌劲，脚尖外摆。左腿变逆缠，脚尖向里斜着勾起，用脚跟里侧贴地向左前斜角进一大步（约二至三肩膀宽），落下脚尖成左侧马步。同时，左手由逆缠变顺缠，收肘扬小臂，走外左上弧线经左腮向胸前转出，肘不离肋，掌高齐口，手心侧向右后上斜角，中指扬向左前上斜角。同时，右手变逆缠，走里右下弧线经心口前斜向右后外斜角转出，到右胯外侧偏后尺许，手心侧向右后下斜角，中指扬向左前上斜角（图 5-81）。

第三动

眼法不变向西南。身变左转，胸向左前方。左腿变顺缠，弓膝塌劲。右腿变逆缠，松沉右膝成左弓步。同时，左手变逆缠，走里左下弧线胸前经左膝关节上侧向左前上斜角转出，随转随勾手呈搂膝状，手高齐肩，勾眼侧向右后上斜角，勾尖垂向右前下斜角。右手变顺缠，收肘扬小臂走外右后上弧线跟右肩齐时，再变逆缠，走外右斜角弧线转到右腮旁，手心侧向左前下斜角，中指扬向左后上斜角（图 5–82）。

图 5–82

第四动

眼法不变向西南。身变右转，胸向正前方。左腿变逆缠，仍弓膝塌裆劲。右腿变顺缠，步型不变。同时，左手继续在原处勾手逆缠略向上提，勾眼侧向右后下斜角，勾尖垂向左前下斜角。右手继续逆缠，走外右上弧线向右前上斜角转出，手高齐肩，手心侧向右前下斜角，中指扬向左前上斜角（图 5–83）。

图 5–83

第五动

眼法不变向西南。身略变左转，胸向正前，步型不变，左腿变顺缠，暗换裆劲，同时左手变顺缠，在原高度走外小下弧线，勾手转向右前下斜角，勾眼侧向右后上斜角，右手变顺缠，在原高度走外小下弧线沉肘自转，手心侧向左前下斜角，中指扬向右前上斜角（图 5–84）。

图 5–84

21. 初收

第一动

眼法不变仍向西南。身变右转。胸略向右前斜角。右腿变顺缠，弓膝下塌裆劲。左腿变逆缠，仍弓膝塌劲成半马步。同时，左手继续顺缠，变掌走右下弧线，将手收转到胸前尺许，手高齐颏下，手心侧向右前上斜角，中指扬向左前上斜角。右手也顺缠，走里左下弧线，向里收转肘尖，将手收转到心口，掌跟贴心口，手心侧向左后下斜角，中指扬向左前上斜角（图 5–85）。

图 5–85

图 5-86

第二动

眼法不变向西南。身继续右转，胸向右前斜角。右腿继续顺缠，弓住右膝，塌好裆劲。左腿继续逆缠，左脚贴地随身右转往里收转半步到右脚左前斜角（约一肩宽），成左侧小马步。双手仍顺缠。左手走里右下弧线随肘往里收转到左乳前，手心侧向右前上斜角，中指扬向左前上斜角，右手在胸前自转，手心侧向左后下斜角，中指垂向左前下斜角（图 5-86）。

22. 斜行拗步

第一动

眼法不变向西南。身仍右转，胸向右前斜角。右膝仍顺缠，弓膝塌劲。左腿逆缠，提膝护裆部。同时，右手仍顺缠上领，手心侧向左后上斜角，中指扬向左前上斜角。左手仍顺缠，走里右上弧线向前上转，手高齐颏下，距口尺许，手心侧向右后上斜角，中指扬向左前上斜角（图 5-87）。

图 5-87

第二动

眼法不变向西南。身变左转，胸向左前斜角。右腿变逆缠，松裆扣膝，左腿变顺缠，在空中外摆左脚尖向前斜着踹下，落在右脚的左前方成小盘步。同时双手仍顺缠，走外下弧线转到胸口下边，左手手心侧向右后上斜角，中指垂向左前下斜角合在左手手背上（图 5-88）。

图 5-88

第三动

眼法不变向西南。身继续左转，左腿仍顺缠，弓膝塌劲。右腿仍逆缠，向左前斜着迈步，右脚步在左脚的右前斜角落下成右侧小马步，约一肩宽。同时左手仍顺缠，走里下弧线收到胸前，左肘贴右肋，手心侧向右后上斜角，中指垂向右前下斜角。右手变为小逆缠紧接顺缠，走外右上弧线向前转出，两手保持一小臂宽，手心侧向左后下斜角，中指扬向左前上斜角（图 5-89）。

图 5-89

第四动

眼法不变向西南。身稍左转变右转。左腿变逆缠，松沉左膝，塌好裆劲，右腿变顺缠，以右脚脚跟为轴外摆脚尖成右小盘步。同时，右手变顺缠，走外右小弧线，右肘沉贴肋部，将手转经右膝里侧上方，再收到心口，距离约尺许，手心侧向左前上斜角，中指垂向右前下斜角。左手变逆缠，走外左上弧线，肘不离肋，扬小臂，左手继续变顺缠绕左腮旁，向胸前下转，手心侧向右后上斜角，中指扬向右前上斜角（图 5-90）。

图 5-90

第五动

眼法转向西南。身变右转，胸向右前斜角。右腿变顺缠，弓膝塌劲，以右脚脚跟为轴把脚尖略向外摆。左脚变逆缠，提膝走里前弧线，左脚经右小腿里侧时勾起左脚脚尖，用左脚尖里侧贴地向左前斜角迈一大步，落下成左侧马步，双脚相距约二至三肩宽。同时右手仍顺缠，松肩收肘走里左下弧线，将手收转到左肘下，手心侧向左后上斜角，中指指向左前下斜角。左手亦顺缠，走里左上弧线经颏下向胸前上转，手高齐口，距口尺许，手心侧向右后上斜角，中指扬向右前上斜角（图 5-91）。

图 5-91

23. 掩手肱捶

第一动

图 5-92

眼法不变向西北。身继续左转，胸向左前斜角。左腿仍顺缠，松裆塌劲，以左脚跟为轴，把脚尖外摆向左前斜角。右腿继续逆缠，提右膝向左前斜角迈进一步（约二肩宽），右脚脚尖里扣落下成右侧马步。同时左手变顺缠，走前下弧线转到胸前，手心侧向右后下斜角，中指垂向右前下斜角。右手也变顺缠，走外右前弧线向右前斜角转出，手高齐心口，与左手距尺许，手心侧向左后下斜角，中指扬向左前上斜角（图 5-92）。

第二动

图 5-93

眼法不变向西北。身变右转，胸向右前斜角。右腿变顺缠，弓膝塌劲，以右脚脚跟为轴把脚尖略向外摆。左脚变逆缠，提膝走里前弧线，左脚经右小腿里侧时勾起左脚脚尖，用左脚尖里侧贴地向左前斜角迈一大步，落下成左侧马步，双脚相距约二至三肩宽。同时右手仍顺缠，松肩收肘走里左下弧线，将手收转到左肘下，手心侧向左后上斜角，中指指向左前下斜角。左手亦顺缠走里左上弧线经颏下向胸前上转，手高齐口，距口尺许，手心侧向右后上斜角，中指扬向右前上斜角（图 5-93）。

第三动

图 5-94

眼法不变仍向西。身继续右转，胸向右前斜角。右腿仍顺缠，下塌裆劲，步型不变。同时双手变逆缠，向脐前下落，左手合在右手手腕上侧，两手贴紧脐部。左手手心侧向右后下斜角，中指垂向右前下斜角。右手手心侧向左后上斜角，中指垂右左前下斜角（图 5-94）。

第四动

眼法不变向西。身继续右转。双腿缠法仍右顺左逆，步型不变。同时右手仍继续逆缠，贴脐部随身右转，走里右下弧线绕向右后外转出，高齐右胯，手心侧向左后下斜角，中指指向左前下斜角。左手逆缠，走外左下弧线向左前下斜角转出，手高齐胸，距胸尺许，手心侧向右后下斜角，中指扬向右前下斜角（图 5–95）。

图 5–95

第五动

眼法不变向西北。身先稍向右再变左转。双腿缠法变为左顺右逆。步型不变，暗塌裆劲。同时右手变顺缠，右肘贴肋，手走外上弧线到右耳旁，手心侧向左后上斜角，中指扬向右前上斜角。左手变顺缠，走里前上弧线转到手高齐胸，手心侧向右后上斜角，中指扬向左前上斜角（图 5–96）。

图 5–96

第六动

眼法不变向西。身仍左转，胸向正前方。左腿顺缠，弓膝塌劲。右腿逆缠，松垂右膝成左弓步。同时左手继续顺缠，走里右弧线向胸前收转。手心侧向右后上斜角，中指垂向右前下斜角。右手变逆缠，握拳向正前方击出，拳高齐心口，右臂不可伸直，拳心侧向后下斜角，拳眼侧向左后上斜角，力点在中指中关节处（图 5–97）。

图 5–97

24. 右转身捣碓

第一动

眼法看右方、正北。身继续略左转，胸略向左前方。左腿仍顺缠，弓膝塌劲。右腿继续逆缠，松沉右膝成半盘步。同时右拳变顺缠，在原高度走里下弧线，松肩沉肘将右拳略向前伸，拳

图 5-98

心侧向左后上斜角，拳眼侧向右前上斜角。左手配合右手继续顺缠，走里上弧线将手收转到右臂内侧，手心侧向右后上斜角，中指扬向右前上斜角（图 5-98）。

第二动

眼法不变向北。身变右转，胸向正北方。右腿变顺缠，弓膝塌劲。左腿变逆缠，内扣脚尖成内八字马步。同时右手变逆缠，走外右上弧线先沉肘贴肋将手经颏下向右前斜角转出，手高齐眼，手心侧向右前下斜角，中指扬向左前上斜角。左手也变逆缠，走里左下弧线，向左胯外侧下按，手心侧向左后下斜角，中指扬向右前上斜角（图 5-99）。

图 5-99

第三动

眼法不变向北。身继续右转，胸向正北方。左腿逆缠，弓膝塌劲。右腿变顺缠，用右脚掌贴地，向左脚右前斜角收转约一肩宽成右前虚步。同时右手变顺缠，走外左下弧线将手收转到胸前，手心侧向左后上斜角，中指扬向左前上斜角，左手也变顺缠，走外左上弧线将手收转到高与口齐时，与右手心遥遥相背，手心侧向右后上斜角，中指扬向左前上斜角（图 5-100）。

图 5-100

第四动

眼法不变向北。身仍左转，胸向正前方。左腿顺缠，弓膝塌劲。右腿逆缠，松垂右膝成左弓步。同时左手继续顺缠，走里右弧线向胸前收转。手心侧向右后上斜角，中指垂向右前下斜角。右手变逆缠，握拳向正前方击出，拳高齐心口，右臂不可伸直，拳心侧向后下斜角，拳眼侧向左后上斜角，力点在中指中关节处(图 5-101)。

图 5-101

第五动

眼法不变向北。身略右转，胸向正前方。左腿变逆缠，弓膝塌裆劲。右腿变顺缠，提膝走里上弧线到裆前成左独立步。同时左手变顺缠，松沉肘部走里左下弧线，转到胸前，手心侧向右后上斜角，中指扬向右前上斜角。右手配合左手继续顺缠，松沉肘部，以小指领劲依次旋转握拳，并贴左腕上侧向里旋转到左掌心上方五寸许，拳心侧向右后上斜角，拳眼侧向右前上斜角（图 5-102）。

图 5-102

项目六
孔孟之乡武林逸事

单元一　李氏查拳名家李恩聚逸事

李氏查拳是查拳三大流派之一，是回族的优秀拳种。李恩聚在秉承家学之后，又将其发展成为完整体系，具有独具一格的演练风格和技术特点，以套路剽悍、刚劲有力、拳法连贯、结构严谨、长拳短用、出手含蓄而著称当今武林。

李恩聚，字会亭，回族，生于 1857 年，李氏查拳第四代传承人，也是李氏查拳代表人。幼年受家风熏陶，随爷爷李保太、父亲李振基习祖传查拳和刀、枪、棍、棒。因家中世代都是朝中武职官员，18 岁时李恩聚便学成武艺并精于技击，随父亲李振基入朝。

清光绪三年（1877 年），20 岁的李恩聚以精湛的武功被河标营录为营官，管理军要事务。有一天，他和手下马善连巡查营盘，两人边走边聊。李恩聚方知马善连比自己长 12 岁，家住河北沧州，精通武功。马善连见李恩聚如此年轻，刚到军营便被录为营官，心底不服。两人聊至河边，马善连对李恩聚说："你我就在这河边试试手如何？"李恩聚听后对马善连说："我在军营不懂的事太多，望兄长以后多多赐教，试手一事就免了吧！"两人谈话正浓之时，忽然远处传来一阵嘈杂之声。原来是运皇粮的船只要在这里停靠。押粮的镖头跳上岸来，转了一圈，发现没有打桩的地方，有些着急，忽然见河边搭有一个席棚，席棚立有柱子，倒挺合适。于是他抬起一脚把柱子踢断，席棚倒塌。席棚主人赶紧跑出来与镖头辩理，镖头不容分说，扯掉席棚，把桩尖朝下，以臂做锤，打起桩来，一下子惊吓了不少人。席棚主人也敢怒不敢言了，镖头把缆绳拴好，想扬长而去。

就在这时，李恩聚和马善连赶到，只听李恩聚一声大喝：“站住！”镖头转过身来，打量了一下李恩聚，见他二十多岁，自己押的又是皇粮船，根本没有把李恩聚放在眼里。两人在评理中，言语不和便动起手来。李恩聚见镖头身手不凡，便使出家传查拳中的“迎面三不顾”的一招式，将镖头打出丈外。没等镖头从地上爬起来，李恩聚纵身跃起，跳到镖头身边，伸手抓住镖头后衣领，将他拎起，刚要施展招法，这时运粮官急忙叫停，慌忙下岸，问清楚事由，才知道这个出手不凡的年轻人，原来是查拳名家李振基的儿子。此战虽免了镖头一场皮肉之苦，但震慑了马善连，为李恩聚在河标营树立了威信。

为官后，为人耿直的李恩聚，不满时局的腐败和积弱，一怒之下辞官返乡。后在父亲李振基的支持下离家出走，寻师访友，增强武技。

李恩聚于 1889 年在任城开设锦源公镖局，期间，他都亲自押镖，奔走在大江南北。有一次，镖局接了一批重要物资，要押往登州。李恩聚为了这趟镖，抵押了大半个家产，并且还雇来十余位镖师和二十余口骡马驮送，所以他非常谨慎。临行前，家人再三嘱咐，路途遥远，时局动乱，路上要多加小心。李恩聚深知责任重大，顾忌家庭和他人的安危，一路上谨小慎微，不敢疏忽大意。渐渐深入山间地带，山路崎岖。李恩聚提醒各位镖师要多加小心，行至途中，路陡难行，准备稍事休息再行。他命一位镖师前去探路，其余人员全部围成圆形休息，以防不测。就在这时，一声口哨惊动了山林，从树林四面蹿出近二十名强盗，他们人人手持钢刀，蜂拥而上，惊得李恩聚倒吸了一口凉气。领头的盗匪话也不说，手持利刃便迎头向李恩聚劈来，李恩聚急忙闪身躲过钢刀，一个“鹞子翻身”蹿到匪首的背后，使出看家本领，在其背上猛击一掌，只见匪首朝前踉跄几步，口吐鲜血，一头栽倒在地。强盗们一看，吓得仓皇逃窜。强盗们哪里知道，李恩聚用的是秘传绝技“铁砂掌”。此后，沿途再也没有遇到强盗，顺利到达登州。

后来，由于时局动荡，李恩聚便关闭镖局，闯荡江湖，以卖艺为生。十八年中（1891—1909），他都是以武会友，广交武林豪杰。

1909年，上海来了个英国大力士，在张园设擂，并在报纸上大登广告，自吹自擂，挑战中国武师，侮辱中国人民。时年52岁的李恩聚正在苏州谋生，得知这一消息后，义愤填膺。他从苏州赶到上海后，得知“津门大侠”霍元甲已和英国大力士签订了赛约。此后，李恩聚与霍元甲两位武林高手相遇，一见如故。当年，霍元甲在上海亲手创办的“精武体操会”正缺人手，便亲聘李恩聚为精武体操会的武术教员。当年霍元甲遇难，给霍家带来极大的悲痛，集家仇国恨于一身的霍元甲之子霍东阁随叔父霍元卿前往上海，扶持创办不久的精武会。李恩聚在精武会任教二十余年，倾注了大量的心血，其子李龙彪、侄子李瑞彪和女儿李凤彪均为精武会教员。当年与李恩聚一同执教的还有赵连和、陈子正、罗光玉、陈维贤等人。1920年，上海精武会在广州佛山开设分会，总会派李恩聚前往佛山精武分会任教并管理事务。1924年4月14日至16日，全国国术大会在上海公共体育场举行。李恩聚代表上海精武会和全国四百余位武术高手同台献艺。当时参加大会的有何玉山、吴鉴泉、刘百川、于振声、王子平、许太和、高凤岭、王凤章等武术名家。

1928年，时年71岁的李恩聚在南京国考擂台赛中，又代表精武会出战，一举夺魁。精武会会员姚电侠在《我与精武》一文中写道：“李会亭，山东济宁人，留白长胡子，是美髯公，以查拳擅长，有‘铁砂掌’之称，曾在1928年国考荣获‘勇士’称号。”1929年11月，李恩聚在浙江国术国考中，和刘鹤亭、陈福友三人的拳术受到好评，三人均在七十岁开外，白须飘飘，功力俱到。

1931 年夏，74 岁的李恩聚从上海精武会回老家济宁探亲期间，为救黄河决口逃难灾民，在济宁四海春大剧院义演，除表演拳术、器械外，他不顾年迈，还表演了“铁板桥”硬功夫，以精湛的功夫轰动济宁，义演一举成功。由于年迈和天气炎热，下场后，徒弟轮流为其打扇降温，但他还是因寒气归内，一病不起，治疗无效，于 1932 年农历四月初三，谢世归真于济宁自家胡同，享年 75 岁。

由于李恩聚一生执教严谨，授徒极少，沙荣民、李瑞彪、李龙彪和李凤彪为主要传人。李恩聚留下的主要套路有：李氏十路捣捶、十路弹腿、三路花腿、十路查拳、鹅掌式、八路炮捶、截手拳、看家拳、醉八仙、剑侠刀、绨袍剑、梅花剑、张飞枪、群羊棍、霸王戟、流星锤、护手钩、双手带、铐子锤、大刀枪、二龙戏珠、对扎枪、双钩进枪、对刺剑、朴刀进枪、八卦刀、空手棍等；主要功法有：硬气功、攻防功、铁板桥、提纵功、铁砂掌等。

单元二　追忆刘东海先生

著名武术家、李氏查拳继承人刘东海先生，是我国武术界可敬可亲的前辈。他为李氏查拳的传承和发展，做出了不可磨灭的卓越贡献，他无愧于“李氏查拳一代宗师”这一称谓。说他可敬，一是他是聋哑人，和正常人习武弄棒不同，他的一招一式都来之不易，能系统地掌握一个武术门派的武术套路和器械，更是难上加难；二是他积极投身于全国武术挖掘工作，以精湛的武艺、高尚的武德、诲人不倦的传艺作风和对武术事业的忠诚，把“李氏查拳”整理出来，流传于后世，给后人留下丰厚的精神食粮。说他可亲，一是他对人和蔼可亲，平易近人，爱徒如子；二是他待人宽厚，善解人意，有求必应。刘东海先生虽然离开了人世，但他慈祥的笑容，无时不浮现在弟子的脑海中。

一、从武之路

刘东海先生，1927 年出生于漕运重要码头、素有“武术之乡”之称的济宁。刘东海先生天生聋哑，但是命运没有剥夺他生存的权利，而旧世界的愚昧和无知却夺去了一个聋哑孩子的欢乐。因生理缺陷，他小时候走出家门，经常遭到大孩子的侮辱和嘲笑，时常身上被打得青一块紫一块。他只好躲在家里不敢出门，他不明白人们为什么对他如此不公。他不是懦弱者，心灵的创伤让他产生了习武以抵御强暴的念头。可一个聋哑孩子，哪位拳师愿意收留呢？尽管他一次次地给师傅们叩头作揖，虔诚地比画着心声，但是拳师们却都摇头无应。

在 1936 年的一天，9 岁的刘东海在拜师无望的时候，偶然相遇了一位教门内的白发拳师。幼年的刘东海趴在地上咚咚叩头不起，老先生急忙把他搀扶起来，刘东海眼中含泪，用手势说出了要学武的心愿。老人沉吟了半晌，看了看站在自己身边的师弟李龙彪（李恩聚之子），又看了看幼小而又单薄的刘东海，决定破例收他为徒。师择徒，徒择师，这位老人就是李氏查拳代表人、清末著名武术家李恩聚先生的高徒之一，人称“武圣人”“沙四爷”的沙荣民先生。当年沙先生已 52 岁，李龙彪先生 33 岁。从此，刘东海进入李氏查拳门，改变了一生的轨迹。

自从刘东海进入李氏查拳门，就在沙先生和李先生的严格教导下，开始了艰难的习武生涯。沙先生为了教好刘东海，根据聋哑人的特点，专门制定了一套教授方案。他因人施教，推导刘东海将每招每式学得扎扎实实。李氏查拳以腿功见长，练功十分辛苦。刘东海苦中作乐，练习腿功、腿法、大叉腿、横叉腿，一练就是几个时辰，臂、腿练得红肿甚至出现淤血，但他从不叫苦叫痛，沙先生看在眼里，疼在心里。就这样寒来暑往，年复一年，功夫不负有心人，在沙荣民先生的精心指导和教诲下，刘东海以惊人的毅力和刻苦努力，掌握了精纯和娴熟的动作，继承了李氏十路查拳、回民十趟拳、捣捶、五狼拳、截手拳、鹅掌式等套路，并且掌握了关公大刀、张飞枪、剑侠刀、绨袍剑、护手钩、双刀等武术器械。刘东海先生的父母为了他以后的生活，利用下雨不练功的空隙，用实物教他练习写字。在全国的武术挖掘工作中，刘东海先生写得一手好字，让全国武术专家和学者都瞠目结舌，惊叹不已。

在此期间，刘东海还跟着沙先生习练摔跤技艺。摔跤不同于练习武术套路，它是对抗性极强的一种运动，武术界有“十年拳不如三年跤”的说法。有一次，他和师兄弟在练摔跤时，恰巧他母亲也来到练功场观看儿子练功，不料对方失手，将刘东海重重摔倒在地，胸部受到重创，当场口吐鲜血。在场的沙先生和刘母当时都吓了一跳，急忙来到刘东海面前看个究竟，但刘东海若无其事，继续苦练。母亲看到此景再三劝阻，他倒给母亲和师傅打起气来。第二天，母亲从沙先生那里拿来配药让儿子服下，把他锁在屋里，让他休息两天再练，他却趁家人吃饭的空，又偷偷跑到练功场。就这样，刘东海练就了一身过硬的好功夫，为他以后的人生打下了坚实而稳固的基础。

沙先生看到自己的徒弟武艺逐渐精湛，将要超越自己了，打心眼里高兴。十几年的艰辛，换来的是一位铁打的硬汉。有一天，沙先生在地上写了一行字，写道：“东海呀！你也跟了我十多年了，为师把功夫都教授给你了。我年纪大了，教不了你了，你再另拜个师父吧！”刘东海看完师父所写的字，久跪在师父面前，在地上写出了他的心声：“师父！十几年如一日，我陪伴师父左右，我虽然不能说话，但你不嫌弃我，并且把武艺传授于我，我怎么能离开师父呢？”刘东海写完字便泪如泉涌，在场的师兄弟都为之动容，有的是泣不成声。师兄弟见到刘东海如此痴情，都过来帮他给师父说情。师父话如铁令无法更改，刘东海只好洒泪而别，离开了他多年的恩师。

当年，济宁是大运河在江北的重要码头，也是走镖者走水路的必经之路，是镖师常居住的地方。1946年的一天，刘东海先生又从师周继红先生习武。周先生曾是上海“大世界”的镖师，他武艺高强，因不满上海的黑社会组织及帮派势力而愤然还乡。此后，刘东海在周先生的指导下，又学会了猴拳、罗汉拳、炮捶拳、双锏、三节棍、九节鞭、双刃刀、周仓大刀等套路、器械。刘东海先生虽然武功日趋精湛，但他还是翻阅武术书籍和资料，取长补短，丰厚自己的不足，使自己的武术理论和武功日益增进。

二、彰显才华

中华人民共和国成立后，刘东海先生的武术才华终于得以显露。1953年9月，他参加在天津举行的第一届华东体育大会，以炮捶拳、周仓大刀、串心拳、硬气功分别荣获大会的金牌；此后又在山东济南、青岛等地的武术比赛中多次获奖；1960年，他作为山东省代表光荣地参加了在北京召开的聋哑人协会成立大会，同年他被推荐选任济宁市聋哑人协会副主席；1984年，他赴京参加全国盲聋哑人代表会议，受到党和国家的关怀及关注。

1979年起，刘东海先生担任济宁市体育运动学校武术教练员。在体校任教期间，他呕心沥血地培养武术新人，为济宁市先后培养出刘建华、孙继奎、宗锡元等一大批武术专业人才和武术爱好者。

他们在全国、省市武术比赛中获得较好名次。刘东海先生还身先士卒，多次在上海、天津、河南、河北、兰州等地武术比赛中均荣获前三名的好成绩，为济宁市武术运动的发展起到了推动作用，同时也为济宁市争得了荣誉。

1982—1984 年，全国武术挖掘工作在全国全面展开，刘东海先生身体力行，积极加入抢救中华国粹——武术的行列之中。1985 年，参加山东省体委组织的《查拳》书稿编写工作，经刘东海先生示范，李龙彪先生参与整理的《任城李氏查拳》一书，由人民体育出版社出版，并列入《中华武术文库》。1984 年 8 月，时年 57 岁的刘东海先生，参加在兰州举行的全国武术观摩交流大会，他以出手迅捷有力，套路娴熟彪悍，招招精彩绝伦，引得观众赞不绝口，裁判也为这位年逾花甲的“李氏查拳”表演者而折服，最终，刘东海先生以最高分数荣获金牌。1985 年春节，济宁李氏查拳门由李龙彪先生召集召开本门徒弟会，经其提议，全体李氏查拳弟子一致通过，立刘东海先生为李氏查拳门掌门，李氏查拳第六代传承人。

三、为国争光

1984 年 9 月，济宁市与日本足利市结为友好城市，就在当月，日本友好访问团来济宁市进行友好访问。在济宁期间，该团团长向济宁市负责人提出了一个要求，在他的团员中选出四名年轻力壮，善于摔跤、柔道的高手与我方进行切磋和表演。虽然日方代表是善意的提议，可是还是有点挑战性。负责该工作的同志把日方所提的问题逐级向上反映，最终确定答应日方要求。济宁市选派刘东海先生为队员之一，应战日本选手。刘东海先生心里明白，济宁市摔跤、柔道项目才刚刚起步，没有能抵挡住这四名彪形大汉。于是，刘东海先生通过翻译给日本朋友说：“你们能摔过我这老头子就行了！只不过你们怕是摔不过我的，何况我这三位年轻的徒弟更厉害。”说完，刘东海先生做了一些准备活动和基本功演示。57 岁的刘东海先生在场上滚翻自如，缠靠挂摔，使日本朋友看得目瞪口呆。

第一轮一开始，日方选出一位最强壮的选手与刘东海先生对决，想来震慑我方，刘东海先生也不示弱，站在场地中间，裁判手势一落，只见刘东海先生伸手敏捷地将对方缠住，转身一个“过背”将对方摔在台面上。一连三局，刘东海先生以精湛的摔跤技法和不服老的精神，将日方摔倒七次，日方不得不认输而结束这场友好的较量。这段历史，一时在济宁市传为佳话。曾有一家媒体这样报道刘东海先生：“身体残疾，这确实是一生的痛苦，但他有一颗沸腾着的心，向痛苦挑战，向健康的正常人挑战，向社会偏见挑战。尽管他经历坎坷不平，但他顽强拼搏，为自己的躯体‘焊接’着比钢铁还要坚硬的精神骨架。他就是李氏查拳一代宗师、著名武术家刘东海先生。”

2001 年秋，谁也没有想到先生突发脑血管病。先生在病魔缠身的情况下，还和师弟闫成民（李龙彪先生关门弟子）一起研究李氏查拳。2003 年，刘东海先生因病情再次恶化，治疗无效而谢世济宁，享年 76 岁。

星灭光离，悲痛欲绝。先生虽已仙去，但先生一辈子对武术事业的钟爱不渝，和他拳不离手的精神值得我们永远学习。他是武术界的楷模，是我们学习的榜样。最后用一首小诗来表达对他老人家的怀念之情并感谢他的培育之恩：

恩师乘鹤升青天，
尊嘱教诲记心间。
遗风犹存举可见，
承先博众后人现。

单元三　记李氏查拳宗师李龙彪先生

李龙彪先生，号凤池，1903年出生于山东济宁（古称任城）一个回族武术世家。清宣统元年（1909年），李龙彪先生受家风习武熏陶，随李氏查拳代表人、清末著名武术家、父亲李恩聚习练李氏查拳及刀、枪、棍、棒，成为李氏查拳第五代正宗传人。

幼年的李龙彪天资聪明伶俐，在父亲李恩聚的严厉教诲下，起早摸黑在教场上摔打滚爬，斗转星移，积功渐成，将祖传的武艺都收入囊中。1913年，10岁的李龙彪随父亲来到上海，进入上海精武体育会学习深造，师从于吴式太极拳名家吴鉴泉先生，习练吴式太极拳，并兼习精武会所授武术内容。1919年，由于勤奋好学，不畏吃苦，16岁的李龙彪最终以优异的学习成绩获得精武体育会高级毕业证书。

1921年，李龙彪18岁那年，在精武会任武术教习，帮助父亲李恩聚打理精武会日常工作，并传授武艺。在此期间，他结识了全国知名武术大家，如罗光玉、陈维贤、陈子正、赵连和、徐致一、高凤岭、王子平、刘百川、于振声、何玉山等，使武艺大增。1928年他赴长沙、汉口等精武分会任教。1931年5月，28岁的李龙彪受上海精武体育会的委托赴广州精武分会任教。就在这一年，74岁高龄的父亲李恩聚，想要回阔别已久的济宁老家探望一下。虽然李龙彪已老大不小了，父亲对他还是放心不下，在父亲千言万语的叮嘱下，父子俩洒泪而别。谁也没有想到，这一别竟是永别，父亲的教诲，成了他一生刻骨铭心的教诲。李恩聚先生从上海精武会回到济宁后，正赶上为黄河决口救济受灾民众，在济宁四海春大剧院举办了赈灾义演活动。李恩聚先生不顾旅途劳累和自己的年迈（在众弟子的陪同下），表演了拳术和器械，另外还表演了“铁板桥”等硬气功，他以精湛的功夫轰动了整个济宁，义演一举成功。但由于李先生年迈和天气炎热，下场后，弟子们轮流为师傅打扇降温，但李先生由于寒气归内而一病不起。家人多次在病床前督促他说：“先生！您叫龙彪回来趟吧，他可是您跟前唯一的男丁。”李恩聚始终不同意，他知道儿子此去广州精武会的重要性。他还嘱咐家人和弟子，不许把他有病之事告诉龙彪，以免其分心。就这样，李恩聚先生于1932年农历四月初三，因治疗无效谢世归真，在他临去世前也没能见上儿子一面。

李龙彪没有辜负父亲和上海精武总会的重托，在广州精武分会一干就是七个年头，受到了众多精武弟子的爱戴。“九一八事变”后，一身好武功的李龙彪积极投身于抗日救国运动。他组织了众多热血男儿，毅然决然地赴东北参加抗日义勇军，杀敌救国。他曾在国民革命军卫立煌部独立五旅任武术教官，在此期间，培养了一大批英勇杀敌的勇士。在一次突围战斗中，他不怕流血牺牲，带领二十余名会武功的手枪队员，杀出鬼子的重重包围圈，给大部队撤离争取了宝贵的时间，受到了部队的通报嘉奖。此后他还参加过中条山战役。在部队12年中，他凭着胆大心细和精湛的武功，出色地完成了上级交给的任务。由于部队领导的腐败和不和，李龙彪愤然结束了自己12年腥风血雨的军旅生涯，于1947年回到上海精武体育会继续任教。

中华人民共和国成立后，李龙彪先生受到党和政府的器重，荣任上海市第一届武术联谊会执行委员。1950年上海市体委授予他一级乒乓球裁判员称号。他还担任了全国第一届运动会武术裁判员。

李龙彪先生于1962年离开了他工作、执教多年的上海精武体育会回到老家济宁。回到济宁后，生活没有保障，59 岁的李龙彪老人，靠干瓦工和拉板车（俗称拉脚）维持生活。有一次，老人拉着满满一车货物，正在吃力向前慢慢行走着，突然感到车子轻了许多，他停下车来回头瞧了一眼，原来是自己的大徒弟，不会说话的刘东海，师徒俩喘着粗气，四目相对都含着无可奈何。刘东海打着手势比画意思，只有老师知道这个徒弟的心思，老人流下了眼泪。在众多的弟子和朋友中，没人敢靠近这个“牛鬼蛇神”。师徒俩在路边休息了一会，把货物送到目的地。

李龙彪先生不甘寂寞，为了能使李氏查拳发扬光大，他不惜余力地培养武术下一代，经他培养的有刘东海、蔡清河、闫成民、贺振水等承前启后的济宁武术界精英，为济宁市武术事业的发展做出了积极贡献。

1982 年，李龙彪先生当选为济宁市武术协会副主席。1983 年 3 月，时年 80 岁的李龙彪参加在山东省烟台市举行的“全国武术观摩交流大会”，他表演的形意八卦掌获得好评。在此期间，他不顾自己的高龄，与大徒弟刘东海和朱永军积极参加山东省武术挖掘工作，整理李氏查拳拳谱，把尘封数百年的李氏查拳奉献给国家，使之被列入中华武术文库。1984 年 5 月，他被邀请参加在山东青岛沧口体育馆召开的全国武术挖掘整理大会。1986 年，李龙彪先生被山东省文史馆聘为馆员。1989 年 2 月，因病治疗无效去世于济宁，享年 86 岁。

李龙彪先生的一生，虽然没有惊天动地的举动，可是在当年“国家兴亡，匹夫有责”的紧要关头，他挺身而出，抗击外患，这种爱国精神是值得后人学习的；在武术传承上，他不仅继承了中华民族武术文化，还以高尚的武德感染着后人，他无愧于“李氏查拳一代宗师”这一尊称，他的豪侠尚义的浩然之气永远激励着我们。“挥拳弄棒写春秋，白首青云乐笑翁。淡泊一生明若镜，照人肝胆仰光风”，这是李老一生最好的写照。

单元四　程咬金生平

程咬金，字义贞，后更名知节，济州东阿人。曾祖父程兴，北齐兖州司马。祖父程哲，北齐晋州司马。父亲程娄，济州大中正，后追赠使持节瀛洲诸军事、瀛洲刺史。

据史书记载，程咬金“少骁勇，善用马槊”（《旧唐书·程知节列传》）。隋朝末年，隋炀帝杨广统治残暴，骄奢荒淫，连年大兴土木，不断对外用兵，繁重的徭役、兵役使得田地荒芜，民不聊生，最终爆发了大规模的农民起义。起义后，义军相继发展到百余支之多，每支义军少则数百人多至十余万，但规模大都不是很大，同时也没有政治目标，基本上是流动作战，四处抢掠。为此程咬金聚集豪杰共保乡里，以备义军。经过七个年头战争磨炼，农民起义军由小到大、由弱变强，逐渐克服地域观念，散而复聚，走向联合。至大业十三年（617 年）左右，在全国范围内形成了三支强有力的起义军，即翟让、李密领导的瓦岗军，窦建德、刘黑闼领导的河北义军和杜伏威、辅公祏领导的江淮义军。

到了此时，程咬金这种地方的自保势力已经无法维持下去，最后投奔了瓦岗军李密部。瓦岗军原为东郡韦城（今河南浚县东南）人翟让所创，曾多次粉碎隋王朝的进剿。大业十二年（616 年），曾参加杨玄感起兵的隋贵族后裔李密来到瓦岗寨，李密长于谋略，使瓦岗军取得了一系列胜利，翟让遂主动推李密为主，上其号魏公。李密掌握大权之后，政治野心逐日暴露。为保住个人独揽大权，他拉拢程咬金、秦叔宝等新归附的人，以二人为“内军”骠骑。“内军”是李密从军中挑选的 8 000 个“勇士尤异者”，隶属四位骠骑将，又分为左右两队，主要任务是保护李密。李密对内军十分满意，常说："此八千人可当百万。"（《旧唐书·程知节列传》）。大业十三年（617 年）十月，正在瓦岗军新老势力矛盾逐渐尖锐化之际，李密抢先下手，设计斩杀了翟让，独掌大权。

唐武德元年（618 年）九月，隋洛阳守将王世充挑选精锐兵马 2 万余人，马 2 000 余匹，屯兵通济渠（今河南孟州市境内）南，在渠上架起三座桥，以便与瓦岗军决战。李密在邙山南麓摆阵迎战王世充，程咬金领内马军，与李密安营在北邙山（今河南洛阳市北）上，单雄信则领外马军，安营在偃师城（今河南偃师东）北。王世充部队到达后，立即派出数百骑兵攻打单雄信。李密派程咬金和裴行俨前去支援。裴行俨率先冲向敌阵，结果中流矢坠马。程咬金前去营救，立杀数人，王世充军稍退，他乘机抱起裴行俨撤退。由于载了两个人，程咬金的战马负担过重，被王世充军追上。程咬金不忍将裴行俨丢下，结果被一槊刺中，程咬金回身折断其槊，将执槊之敌斩于马下，王世充军不敢追赶，二人这才返回本军。此战，由于李密指挥不利，瓦岗军包括程咬金和裴行俨在内，共十余员骁将遭受重创，实力大损。不久，李密战败降唐，瓦岗义军失败。

瓦岗军失败后，程咬金和许多将领因走投无路而降于王世充。王世充得到程咬金后，接遇甚厚。虽然如此，程咬金与秦叔宝皆不满王世充多诈。程咬金曾对秦叔宝说："世充器度浅狭，而多妄语，好为咒誓，乃巫师老妪耳，岂是拨乱主乎？"（《旧唐书·程知节列传》）秦叔宝亦有同感，于是二人开始找机会离开王世充。武德二年（619 年）闰二月十九日，王世充率部进犯唐朝谷州（今属河南），王世充任命程咬金为将军，还任命秦叔宝为龙骧大将军。王世充与唐军交战于九曲（今河南宜阳西北）。程咬金、秦叔宝、吴黑闼、牛进达等都带兵上阵，率几十个亲信骑马向西跑了一百来步，然后下马向王世充行礼，说道："荷公接待，极欲报恩。公性猜贰，傍多扇惑，非仆托身之所，今谨奉辞。"（《旧唐书·程知节列传》）随即投奔唐军。王世充慑于二人的威名，不敢追逼。

二人归唐后，唐高祖李渊让他们跟随秦王李世民。李世民久闻二人之名，十分尊重他们，任命程咬金为秦王府左三统军，秦叔宝则为马军总管。同李密一样，李世民也在全军中挑选了千余精锐骑兵，皆着黑衣黑甲，分左右队，由程咬金、秦叔宝、尉迟敬德、翟长孙等骁将统领，号称玄甲队。每次冲锋陷阵，李世民都披上黑甲亲率玄甲队作为先锋，伺机进击，所向披靡，敌人畏惧。从此，程咬金随李世民破宋金刚、窦建德、王世充，又任左一马军总管，每次作战都奋勇争先。因功封为宿国公。武德四年（621 年）正月，在洛阳外围作战中，行台仆射屈突通、赞皇公窦轨带兵巡营，猝与王世充军遭遇，交战不利，李世民即率玄甲队驰赴救援，大败王世充军，俘其骑将葛彦璋，斩俘6 000余人，王世充逃回洛阳。到武德七年（624 年），唐击败各割据势力和农民起义军，统一天下。

从太原起兵到统一全国过程中，李世民屡建奇勋，威望很高，并形成了以秦王府谋士和勇将为核心的实力雄厚的政治集团，程咬金便是其中之一，这对太子李建成构成严重威胁。李建成为保住太子地位及皇位继承权，与齐王李元吉结交，共同反对李世民。由于程咬金是李世民的骨干，李建成便欲除之。武德七年（624 年），李建成向唐高祖进献谗言，程咬金被外放任康州刺史。程咬金对李世民说："大王手臂今并翦除，身必不久。知节以死不去，愿速自全。"（《旧唐书·程知节列传》）此后两年间，史书上无程咬金的记载，不过估计程咬金并未离开秦王府。

武德九年（626 年）六月，李建成在夜宴酒中下毒，致使李世民心中暴痛，吐血数升。时突厥郁射设率数万骑兵入塞，围攻乌城

（今山西孟县西北）。李建成乘机推荐李元吉代李世民督诸军北征，李渊命李元吉率右武卫大将军李艺等前去救援。李元吉奏请抽调秦王府勇将程咬金、尉迟敬德、段志玄和秦叔宝等随军，以削弱李世民实力，然后乘机将其除掉。李世民得知李建成欲于为李元吉饯行时杀害自己，遂与文臣武将商议，决定先发制人。初四日清晨，李世民率程咬金等伏兵玄武门内（长安太极宫北面正门），伏杀太子李建成、齐王李元吉。初七，李渊立李世民为皇太子。十二日，李世民封赏功臣，程咬金拜太子右卫率。七月，程咬金迁右武卫大将军。八月初八，李渊退位。初九，李世民即皇帝位，是为唐太宗。十月，唐太宗大封功臣，程咬金实封七百户。

贞观中，程咬金历任泸州（今四川泸州市）都督，左领军大将军。与长孙无忌等人世袭刺史，改封鲁国公，授普州刺史。

贞观十七年（643 年）二月二十八日，唐太宗命人画二十四功臣图于凌烟阁，皆真人大小，程咬金名列其中，位于第十九名。同年，程咬金转任左屯卫大将军，检校宫城北门驻军，加封为镇军大将军。

参考文献

[1] 王开文．齐鲁武术[M]. 北京：人民体育出版社，2010.

[2] 李成银．山东传统武术文化研究[M]. 北京：北京体育大学出版社，2009.

[3] 张志成．非物质文化遗产视角下的山东传统武术研究[D]. 济南：山东师范大学，2011.

[4] 曾凡鑫．儒家思想对武术文化的影响[D]. 南京：南京师范大学，2007.

[5] 宋义祥．梁山功夫[M]. 济南：山东友谊出版社，1994.